Johann Caspar Lavater, geboren am 15. November 1741 in Zürich, ist ebendort am 2. Januar 1801 gestorben.

Ludwig Klages hat 1925 den Plan verfolgt, Johann Caspar Lavaters kurze Schrift *Von der Physiognomik*, »die fast kein Mensch kennt und welche ich für weit wertvoller als seine physiognomischen Fragmente halte«, in einem Leipziger Verlag wieder zugänglich zu machen, da diese »präzise Skizze seiner physiognomischen *Grundsätze*« in gedrängter Form »alles Wesentliche« enthalte. Sofern das spätere dickleibige Werk sich mit prinzipiellen Dingen befasse, führe es »das dort Gebotene weiter aus, ohne irgend noch wesentlich Neues hinzuzufügen«. Die Lavatersche Abhandlung sollte mit der Wiedergabe von Lichtenbergs Gegenschrift *Ueber Physiognomik* zu einem Bändchen mit dem Titel *Lavater Lichtenberg Für und wider die Physiognomik* vereinigt werden. Der Plan ist jedoch nicht ausgeführt worden. Während heute Lichtenbergs Gegenrede in den diversen Sammlungen seiner Schriften (und auch separat als insel taschenbuch 936) leicht greifbar und in aller Munde ist, gilt Klages' Diktum über Lavaters erstes physiognomisches Werkchen, daß es fast kein Mensch kennt, weiter. Die vorliegende Ausgabe möchte diesem Umstand gelegentlich der 250. Wiederkehr des Geburtstages des Zürcher Verfassers abhelfen.

insel taschenbuch 1366

Johann Caspar Lavater

Von der Physiognomik

J. C. Lavater

von der

Physiognomik.

Leipzig,
bey Weidmanns Erben und Reich.
1772.

Titelkupfer der Ausgabe von 1772

Johann Caspar Lavater

Von der Physiognomik

und Hundert physiognomische Regeln

Mit zahlreichen Abbildungen

Herausgegeben und mit einem Nachwort
von Karl Riha und Carsten Zelle

Insel Verlag

insel taschenbuch 1366
Erste Auflage 1991

Vertrieb durch den Suhrkamp Taschenbuch Verlag
Umschlag nach Entwürfen von Willy Fleckhaus
Satz: Fotosatz Otto Gutfreund, Darmstadt
Druck: Nomos Verlagsgesellschaft, Baden-Baden
Printed in Germany

1 2 3 4 5 6 – 96 95 94 93 92 91

VON DER PHYSIOGNOMIK

VORBERICHT.

Diese Abhandlung von der Physiognomik hat schon so viele Aufmerksamkeit erwecket, daß ich dem Wunsche nicht widerstehen kann, sie durch eine zweyte Auflage noch allgemeiner zu machen. Bey dem ersten Abdrucke in dem *Hannoverischen Magazine* vom 3, 7, und 10 Februar 1772 hatte ich aus billiger Achtung für den Verfasser, einige Anmerkungen beygefüget, die hier wegbleiben, weil Herr Lavater dieselben sehr übel genommen.

Hart wird mancher Leser das Urtheil des Verfassers gegen solche finden, die nicht an die Physiognomik glauben. Eben so hart finde ich es auch; zumal da verschiedene große Männer in Potsdam, Berlin, und anderswo, Einwürfe gegen die Physiognomik machen, die Herr Lavater noch nicht kennet, die aber ihrem Scharfsinn eben so rühmlich sind, als meinem Freunde alles neue, was er hier von der Physiognomik sagt. Ausnehmend nützlich wird es seyn, die Meinungen aller denkenden Köpfe hierüber anzuhören; nur für schlechte habe ich keine Ohren.

Eine Physiognomanie ist durch die Bekanntmachung dieser Blätter nicht leicht zu befürchten, wenn man erwäget, was mir neulich ein Philosoph ohne Bildsäule, Mantel und Bart, aber ein eben so großer Philosoph als irgend einer aus dem Alterthume (Herr Sulzer in Berlin) geschrieben hat: *in Lavaters Physiognomik sind wirklich tiefsinnige Einsichten. Aber wehe dem, der glaubt daraus die Kunst zu lernen, wenn er nicht Lavaters Aug und Herz hat.*

Hannover den 20. Merz 1772.

J. G. Zimmermann.

ERSTER ABSCHNITT.

Was die Physiognomik heiße oder was diese Wissenschaft in sich begreife.

Physiognomik ist die Wissenschaft, den Charakter (nicht die zufälligen Schicksale) des Menschen im weitläuftigsten Verstande aus seinem Aeußerlichen zu erkennen; Physiognomie im weitläuftigen Verstande wäre also alles Aeußerliche an dem Körper des Menschen und den Bewegungen desselben, in sofern sich daraus etwas von dem Charakter des Menschen erkennen läßt.

So viele verschiedene Charaktere der Mensch zugleich haben kann, das ist, aus so vielen Gesichtspunkten der Mensch betrachtet werden kann, so vielerley Arten von Physiognomien hat Ein und eben derselbe Mensch.

Daher begreift die Physiognomik alle Charaktere des Menschen, die zusammen einen completen Totalcharakter ausmachen, in sich. Sie beurtheilt den physiologischen, den Temperamentscharakter, den medicinischen, den physischen, den intellectuellen, den moralischen, den habituellen, den Geschicklichkeitscharakter, den gesellschaftlichen oder umgänglichen, u. s. w.

Den eigentlichen, einfachen oder zusammengesetzten, Ausdruck eines jeden dieser Charaktere im Körper, oder überhaupt im Aeußerlichen des Menschen, findet die Physiognomik. In sofern sie blos den Charakter aus dem ihm entsprechenden Ausdruck erkennen kann, sollte man sie die empyrische, und in sofern sie die Ursachen, den Grund davon angeben, und den unmittelbaren Zusammenhang zwischen dem Ausdruck und dem Charakter selbst zeigen könnte, die theoretische oder transcendente Physiognomik nennen.

Es giebt auch noch eine anatomische Physiognomik, von welcher erst im Entwurfe zu einer Physiognomik noch ein Wort gesagt werden soll.

Die Physiognomik hat also zween Haupttheile, den historischen, und den philosophischen. Diese müssen wohl unterschieden werden. Der philosophische Theil wird vermuthlich noch lange der schwerste Gegenstand der menschlichen Untersuchungen bleiben. Hätten wir den einmal in unserer Gewalt, so hätten wir alsdann den Schlüssel zu allen Tiefen der menschlichen Natur.

ZWEYTER ABSCHNITT.

Die Physiognomik ist keine eingebildete, sondern eine würkliche Wissenschaft.

Es ist der gemeine Gang aller menschlichen Dinge, daß ihr Misbrauch sie zuletzt ganz und gar verächtlich macht. Nichts mag vielleicht mehr gemisbraucht worden seyn, als die vorgegebene Kenntniß, den ganzen Charakter, ja wohl gar die künftigen Schicksale des Menschen betreffend; und daher vermuthlich ist die wahre Physiognomik selbst lächerlich, und den eingebildeten Wissenschaften beygezählt worden.

Allein das soll uns im mindesten nicht abschrecken, die Würklichkeit dieser Wissenschaft zu untersuchen. Doch wollen wir da uns ja nicht mit Autoritäten und Zeugnissen eines *Salomons, Aristoteles, Bacons, Pernettis, Parsons* oder *Gellerts* behelfen, sondern die Vernunft und die Erfahrung sollen gefraget werden; und sie allein sollen uns antworten.

Sagt uns die Vernunft nicht, daß jedes Ding in der Welt eine äußere und innere Seite habe, welche in einer genauen Beziehung gegen einander stehen? daß jedes Ding eben darum, weil es das und kein anders Ding ist, etwas an sich haben müsse, wodurch sein Unterschied von jedem andern erkannt werden kann?

Sagt sie uns nicht, daß, wenn überhaupt zwischen der Seele und dem Körper, dem Innern und Aeußerlichen des Menschen eine genaue Uebereinstimmung statt hat, die unendliche Verschiedenheit der Seelen oder des Innern der Menschen, nothwendig auch eine unendliche Verschiedenheit in ihrem Körper und ihrem Aeußerlichen zuwege bringen müsse?

Vorausgesetzt also, daß die Charaktere der Menschen in jedem Sinne verschieden seyn, so ist, nach dem Urtheile der Vernunft, zugleich vorausgesetzt, daß die unmittelbaren mit dem Charakter des Menschen verknüpften Aeußerlichkeiten verschieden seyn müssen. Also muß, wenn eine Verschiedenheit statt hat, dieselbe überhaupt erkennbar seyn; sie muß also der Gegenstand einer würklichen Wissenschaft werden können.

Wenn in der Welt nichts ohne zureichenden Grund geschieht; wenn es unleugbar ist, daß jede, auch die geringste Würkung in der Natur eine mechanische Folge der allgemeinen Gesetze ist, denen ihr anbetenswürdiger Urheber dieselbe unterworfen hat; wenn hiemit alles sogenannte Willkührliche aus dem Gebiete der Philosophie und dem Reiche der Natur verbannet werden muß; so sehe ich nicht ein, wie der, der daran zweifelt, ob die Phy-

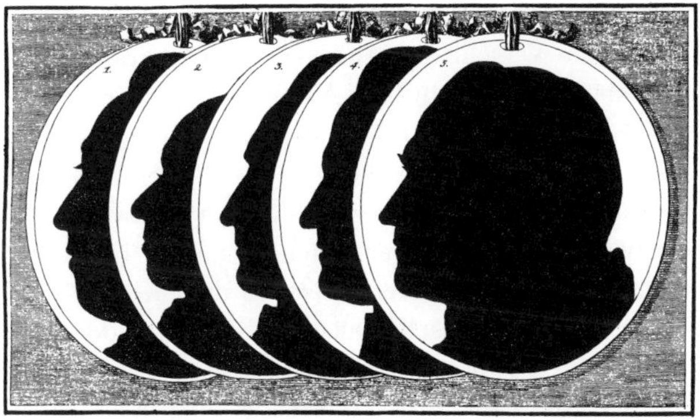

Fünf Silhouetten.

»Eine edle Gesellschaft; zwar nicht lauter Dichter. Aber – die Gesellschaft gefällt mir so wohl zusammen, daß ich sie nicht trennen möchte, und nicht anderswo, wie ich anfangs dachte, sondern gerade hier einrücken will – Nicht Eine gemeine Seele.«

[1] Johann Martin Miller (1750-1814) [2] Matthias Claudius (1740-1815) [3] Friedrich Heinrich Jacobi (1743-1819)

siognomik eine würkliche Wissenschaft sey, das ist, zweifelt, ob die Verschiedenheit des innern Charakters der Menschen eine erkennbare Verschiedenheit in seinem Aeußerlichen mit sich führe, auf den Namen eines Philosophen oder Naturforschers den geringsten Anspruch machen könne. Es empört sich in der That der menschliche Verstand gegen einen Menschen, der behaupten könnte, daß *Leibnitz* oder *Newton* in dem Körper eines Stupiden, eines Menschen aus dem Tollhause, der große Metaphysiker oder Mathematiker hätte seyn können; daß der eine von ihnen im Schädel eines Lappen die Theodicee erdacht, und der andere im Kopfe eines Mohren, dessen Nase aufgedrückt, dessen Augen zum Kopfe heraus ragen, dessen Lippen, so aufgeworfen sie sind, kaum die Zähne bedecken, der allenthalben fleischicht und rund ist, die Planeten gewogen, und den Lichtstrahl gespaltet hätte.

Der gesunde menschliche Verstand empöret sich gegen einen Menschen, der im Ernst behaupten könnte: ein starker Mensch könne aussehen wie ein schwacher; ein vollkommen gesunder, wie ein vollkommen schwindsüchtiger; ein feuriger, wie ein sanfter, kaltblütiger. Er empört sich gegen einen Menschen, der behaupten könnte: Freude und Traurigkeit, Wollust und Schmerz, Liebe und Haß, hätten dieselben, das ist, gar keine Kennzeichen im Aeußerlichen des Menschen, und das behauptet der, der die Physiognomik ins Reich der eingebildeten Wissenschaften verbannet. Er verkehrt die Ordnung und die Verknüpfung der Dinge, wodurch sich die ewige Weisheit dem Verstande so preiswürdig macht.

Man kann es nicht genug sagen, das Willkührliche ist

die Weisheit der Thoren, die Pest der gesunden Naturlehre, der Philosophie, und der Religion. Dies aus allen dreyen verbannen, ist das Werk der Weisheit und Wahrheit.

Lasset uns die Ungereimtheit dieses Willkührlichen in Absicht auf die Physiognomik noch mit einigen Beyspielen darthun. Laßt uns sehen, ob man nicht alle Vernunft mit Füßen trete, wenn man zwischen dem innern Charakter und dem äußerlichen Willkührlichkeit annimmt. Läßt sich nicht zum voraus aus der Vernunft sagen, daß ein krankes und blödes Auge ganz anders als ein gesundes und scharfes aussehen müsse? daß ein vollständiger physiologisch gesunder Körper seine natürlichen unmittelbaren Merkmale haben müsse? Muß nicht nothwendig ein Körper, dessen Gliedmaßen und Einrichtung nichts fehlet, ein andres Aeußerliches haben und darstellen, als ein physiologisch mangelhafter; muß es also nicht gewisse Kennzeichen geben, wodurch sich diese Verschiedenheit des Aeußerlichen bestimmen läßt? Erhellet also nicht daraus, daß der physiologische Charakter des Menschen aus seinem Aeußerlichen bestimmbar sey?

Ist es nicht ferner aus der Vernunft erweislich, daß ein melancholisches Geblüt nicht die Farbe des sanguinischen oder phlegmatischen haben könne? daß folglich die Leibesfarbe, welche größtentheils durch das Geblüt und die Säfte bestimmet wird, nach der verschiedenen Beschaffenheit derselben verschieden seyn müsse? Ist diese Verschiedenheit sinnlich oder erkennbar, so wird sie ein Gegenstand der Wissenschaft. Es gehört also nicht zu den eingebildeten Wissenschaften, den Temperamentscharakter des Menschen aus seinem Aeußerlichen zu bestimmen.

Der medicinische Charakter, das ist, die gegenwärtige zufällige Beschaffenheit unsers Körpers in Ansehung seiner Gesundheit, sollte die nicht ihre bestimmten, erkennbaren, und angeblichen Merkmale haben müssen? Kann man es nicht aus der Vernunft darthun, daß die Schwindsucht unserm Angesichte kraft ihrer Natur eine solche und solche Modification geben; daß die ausgetretene Galle die Haut und Augen so und so färben müsse? daß eine heftigere Wallung des Geblüts diese gegebene Farbe erwecke? Sind das blos willkührliche, oder in der Natur und dem unmittelbaren Zusammenhange des Aeußern und Innern gegründete Zeichen? Also ist es überhaupt keine blos eingebildete Wissenschaft, den medicinischen Charakter eines Menschen aus seinem Aeußerlichen zu bestimmen.

Der physische Charakter eines Menschen, oder seine Beschaffenheit in Ansehung der Stärke und Festigkeit überhaupt, muß ebenfalls, auch nur von vorne her zu schließen, seine eigenen bestimmbaren Merkmale haben. Wenn wir in unserm Leben keinen Menschen gesehen hätten, würde uns nicht die bloße Vernunft lehren, daß ein zarter, feiner Körper eines Jünglings ganz anders aussehen müsse, als ein fester robüster Körper eines Mannes? daß große, dicke, feste Knochen, eine rauhere und zähere Haut, nicht denselben Eindruck, wie zarte und weiche auf uns machen können? Also muß auch der physische Charakter des Menschen aus seinem Aeußerlichen überhaupt erkennbar seyn.

Wir gehen weiter zu dem intellectuellen Charakter,

oder der Verstandes- und Geistesbeschaffenheit des Menschen. Wird uns nicht schon die bloße Vernunft auch in Ansehung dieser lehren, daß auch ihre Verschiedenheit ganz natürlicher und nothwendiger Weise eine Verschiedenheit in dem Aeußerlichen mit sich bringe? Wird sie uns nicht sagen, daß Gedächtniß, Einbildungskraft, Verstand, bey gleichen Nerven, gleichen Lebensgeistern, gleichen Säften, gleicher Beschaffenheit und Lage des Gehirns, unmöglich so verschieden seyn könnten, wie wir sie würklich unter den Menschen antreffen? Wird sie uns nicht sagen, daß bey einem solchen Gehirn, einer solchen Feinheit und Empfindlichkeit der Nerven die sinnlichen Eindrücke lebhafter, folglich das Gedächtniß, die Einbildungskraft, der Witz, und endlich der Verstand feiner seyn müsse, als bey einer ganz andern Constitution? Wird sie uns nicht sagen, daß die Verschiedenheit des Gehirns und seiner Lage nothwendiger und natürlicher Weise den Contour und Bau des anfangs weichen und faserichten Schädels bestimmen müsse? Daß die Verschiedenheit des Nervensaftes, der Lebensgeister, kurz desjenigen Vehiculi, welches die sinnlichen Wahrnehmungen von der Oberfläche des Körpers zum Mittelpunkte der Nerven bringt, auch eine Verschiedenheit in gewissen feinen Aeußerlichkeiten verursachen oder veranlassen könne?

Der moralische Charakter oder die sittliche Gemüthsbeschaffenheit des Menschen, sollte nicht auch diese, nach dem bloßen Urtheile der Vernunft, aus dem Aeußerlichen des Menschen erkennbar seyn? Sollte eine sanftmüthige, bescheidene, friedfertige Seele den Muskeln des Angesichts diejenige Wildheit, Strenge, Furchtbarkeit geben können, welche das Gesicht eines rohen, harten, zornigen, und unerbittlichen Menschen verunstalten? Ist es nicht, wenn es auch keine Erfahrung bestätigte, für die bloße Vernunft schon zum voraus, wo nicht gewiß, doch äußerst wahrscheinlich, daß der moralische Charakter eines Menschen großentheils von dem physischen im weitern Verstande, und von seinem intellectuellen Charakter abhange; daß folglich, wenn diese, die Prämissen, aus dem Aeußerlichen erkennbar sind, auch der moralische zugleich mit aus eben diesem Aeußerlichen erkennbar seyn könne und müsse?

Der habituelle Charakter, das ist, diejenigen Modificationen, die sich durch öftere Wiederholungen derselben Bewegungen, dem Aeußerlichen eines Menschen angehängt oder aufgedrückt haben, müssen die nicht wiederum nothwendige und natürliche Folgen gewisser Bestrebungen, Gesinnungen, und Situationen der Seele seyn? Ist es nicht schon, für die bloße Vernunft, im höchsten Grade wahrscheinlich, daß die Wiederholung gewisser Bewegungen der Muskeln, welche Bewegungen mit gewissen Affecten oder Gemüthszuständen unzertrennlich verknüpft sind, endlich eine solche Falte, eine solche Merkbarkeit verursachen müssen, welche leicht ein Gegenstand der Wissenschaft werden können?

Der Geschicklichkeitscharakter, oder die so und so bestimmte Fertigkeit eines Menschen, gewisse Dinge zu behandeln, sollte die nicht auch wieder ihre natürlichen und unmittelbaren Zeichen und Merkmale haben? Sollte die Leichtigkeit und Schnelligkeit in der Behandlung dieser oder jener Kunst, dieses oder jenes Geschäfftes nicht natürlicher Weise aus der Feinheit, aus der Bewegung

25. Frauenspersonen.

»Wenn unter diesen Gesichtern allen ein außerordentliches ist, so ist's 11. vielleicht 22. und durch den mittleren Theil des Gesichts 8. Häusliche Treue und Geschäfftigkeit im kleinen Zirkel, in der Küche und auf dem Estrich haben 1, 2, 3, 4, 5, 10, 13, 15, 25. in der Stube 17. im Waschhause 21. Herzgute hausmütterliche Mädchen frohen Sinnes, leichter, munterer Bewegung sind 7 und 9, 12, 14, 16. Etwas ernsthafter, bedächtlicher 19, 20. trockner 6. witziger 24. galant und theatralisch 18, 23.

und Activität unsers Aeußerlichen erkennbar seyn können? Wird nicht die Vernunft sagen, daß es eine sehr natürliche Folge unsrer innern Fertigkeit sey, daß sich unsere Gliedmaßen auf eine leichtere, ungezwungene, schnellere Weise wenden und bewegen werden, als wenn wir diese Fertigkeit nicht besitzen? Es erhellet also aus dem bisher gesagten, daß die Physiognomie des Menschen, das ist, sein ganzes Aeußerliches, in sofern es an seinem Körper haftet, nicht willkührlich, nicht bloß ein Zufall, und außer der Verbindung mit dem innern Charakter des Menschen, folglich die Physiognomie keine blos eingebildete Wissenschaft sey.

Es wäre leicht möglich, dies noch weitläuftiger aus der Vernunft darzuthun. Allein die Schranken, die ich mir gesetzet habe, wollen es nicht gestatten. So viel muß aber nothwendig hierüber noch gesagt werden, daß, wenn auch alle die angeführten, und noch anzuführen möglichen Vernunftgründe für die Würklichkeit dieser Wissenschaft, nicht das mindeste beweisen sollten, jedoch die Erfahrung so sehr dafür spricht, daß ich es, die Wahrheit zu gestehen, geradezu für Unsinn halte, wenn man ins Gelag hinein behaupten will, sie sey weiter nichts als eine eingebildete Wissenschaft, es wäre denn, daß man unter der Physiognomik die abgeschmackte, seynsollende Kunst, die speciellen und individuellen Schicksale des Menschen aus seinem Gesichte zu prophezeyen, verstehen wollte.

Als Charlatanerie und leere Träumerey möchte ich freylich von Herzen gerne diese Kunst größtentheils aus dem Reiche der wahren Wissenschaften aus eben dem Grunde verbannt wissen, aus welchem ich die Physiognomik, nach meiner Erklärung, zu einer Wissenschaft mache; nemlich darum, weil sie ganz auf willkührlichen, und nicht auf natürlichen Verbindungen von Ursache und Würkung zu beruhen scheint.

Und was sagt denn nun die Erfahrung überhaupt von der Gesichtsdeutung? Sie sagt uns zuerst, daß die Physiognomien aller Menschen wohl so verschieden seyn, als es ihre Charaktere immer seyn mögen.

Sie sagt uns, daß jedes Ding in der Welt, es mag heißen wie es will, seine eigene specielle und individuelle Physiognomie habe, daß jede Birne, jeder Apfel, jede Traube, jedes Blatt die seinige habe, woraus wir von seiner innern individuellen Beschaffenheit urtheilen.

Sie sagt uns, daß das beseelteste Wesen auf Erden, der Mensch, das Meisterstück des Schöpfers, die mannigfaltigste Physiognomie, das ist, für eine jede Art des Charakters eine eigene Physiognomie habe, daß der, von dem wir wissen, daß er zornmüthig und wild ist, ganz anders aussehe, als der, von dem wir wissen, daß er sanftmüthig und gelassen ist, und zwar so anders, daß es die meisten ohne Bestimmen, ohne es aus dem Umgange zu wissen, diesen beyden auf den ersten Blick ansehen, daß der eine zum Zorne geneigt und der andere sanfter und gelassener ist. Sie sagt uns, daß kein Mensch, so klug oder stupide er immer seyn mag, auf der Welt sey, (auch sogar nicht alle im Tollhause ausgenommen) kein Mensch, auf den nicht wenigstens einige gewisse Aeußerlichkeiten an andern einen solchen Eindruck machen, daß sein Urtheil über ihn und sein Betragen gegen ihn auf irgend eine Weise bestimmt wird.

Sie sagt uns, daß es gewisse Physiognomien gebe, von

denen alle Menschen sogleich, ohne weitere Untersuchung, und doch richtig urtheilen werden, sie zeigen große Weisheit oder große Thorheit an. So wollte ich, zum Exempel, es darauf ankommen lassen, ob ein Mensch dumm genug seyn könnte, gewisse unglückliche Physiognomien in einem Thorenhospitale anzusehen, und sie nicht dumm zu finden; und so wollte ich auch Menschen nennen oder Gesichter zeichnen können, von denen jedermann auf den ersten Blick sogleich sagen müßte: das muß ohnfehlbar ein verständiger und scharfsichtiger Mann seyn.

Wir mögen es gestehen oder nicht, merken oder nicht, so ist doch das Aeußerliche der Menschen, der Totaleindruck, welchen es, unabhängig von dem Innern oder dem Betragen derselben, auf uns macht, in tausend Fällen, wo nicht ein völliger Entscheidungsgrund für uns, doch das, was das Uebergewicht giebt, und den Ausschlag macht.

Ohne mich in charakteristische Details einzulassen, ohne Miene zu machen, daß ich die Physiognomien verstehe, (denn würklich fehlet daran unendlich viel,) darf ich doch zum Exempel sagen: daß ein Mann, der in seinem Gange hüpft, immer einen offenen gelächterreichen Mund hat, keinen Augenblick stille stehen kann, alles angafft, und nichts mit Aufmerksamkeit betrachtet, daß ein solcher Mann bey keinem einzigen Menschen in den Verdacht eines gesetzten, weisen und ernsthaften Charakters fallen werde.

Ich getraue mir zu behaupten, daß auch derjenige, der in seinem Leben nichts von der Physiognomik gehört hat, einen Menschen nicht für aufrichtig wird halten können, der uns nie in die Augen sehen darf, der freywillig und mit

Vier Silhouetten von trefflichen Männern

»Diese Männer sind, [...] ohne Widerrede, von den Verständigsten, Geschmackvollesten, Geniereichsten, die Teutschland hervorgebracht hat.«

Friedrich Arnold Klockenbring (1742-1795)

einer Art von Affectation schielet, der mit dem halben Munde lächelt, wenn er etwas ernsthaftes oder trauriges erzählet, dessen Ton etwas unsicheres und schwankendes hat, dessen Rede unterbrochen und zerstreuet, dessen Stimme bald langsam, bald schnell, bald laut, bald leise, bald ängstlich und weinerlich, bald tiefathmend und zurückhaltend ist. Lasset einen solchen so schön mit uns reden als er immer will, wir werden uns schwerlich bereden, daß Aufrichtigkeit, Lauterkeit und Einfalt den Vorzug und das Eigenthümliche seines Charakters ausmachen.

Wenn es möglich ist, daß schon bloße ungefärbte leblose Köpfe, die nur auf ein Papier flüchtig hingezeichnet sind, entscheidend für Verstand oder Dummheit seyn können, wie viel mehr Bedeutendes und Entscheidendes kann in einem lebendigen Gesichte, in einer ganzen lebendigen Person seyn?

Freylich könnten wohl vielleicht dergleichen Zeichnungen für zwey Extreme angesehen werden. In diesem Grade der Merkbarkeit, sagt man vielleicht, können wir uns nicht leicht betrügen; allein wie unendlich viele Zwischenzüge, Schattirungen, Nüancen? wie ungewiß werden diese, je feiner, zärter, unbeschreibbarer sie sind? Das hat Schein. Doch wenn man erwägt, daß in der Natur eigentlich und an sich nichts groß und nichts klein, nichts mehr oder minder merkbar, sondern dieser Unterschied der Merkbarkeit nur zu gewissen gegebenen Augen relativ ist; wenn man bedenkt, daß das, was unsern Augen, oder auch vielleicht nur dem ungeübten Auge unmerklich ist, andern oder unsern eignen Augen merkbarer werden kann, wenn es auch genau in derselben Lage und Zeichnung bleibt; daß zum Exempel das geübte Auge eines Kunstverständigen, in einem erhabenen Gemählde, worinn sich alle Züge immer gleich bleiben, immer mehr Schönheit und Ausdruck finden kann, die vielleicht von tausend andern physisch gleich guten oder wohl gar bessern Augen übersehen werden; wenn man endlich erwägt, daß die Natur immer nach Gesetzen handelt, und daß ein stumpfer Winkel von hundert und neun und siebenzig Graden so wenig ohne zureichenden Grund von ihr gebildet werden kann, als ein spitziger von einem Grade; daß also die erste Neigung oder Lenkung einer Gesichtslinie, es sey zu welcher Expression es wolle, eben so wenig ohne Grund, oder nach andern Gesetzen gebildet werden kann, als der marquirteste oder gebogenste Contour; so wird man gestehen, daß auch die feinern Nüancen ihren Grund haben, folglich überhaupt erkennbar und wissenschaftlich bestimmbar seyn müssen. Jede Modification meines Körpers hat eine gewisse Beziehung auf die Seele. Eine andere Hand als ich habe, würde schon eine ganz andere Proportion aller Theile meines Körpers fordern, folglich einen ganz anders modificirten Körper; das heißt, meine Seele würde die Welt durch ein ganz anderes Perspectiv, folglich unter einem andern Winkel ansehen müssen; und dann wäre ich ein ganz anderer Mensch. Daß ich also eine solche Hand habe, und keine andere, giebt zugleich zu erkennen, daß ich eine so und so bestimmte Seele habe; und dies geht bis auf jeden Muskel, ja jede Faser fort. Dieses wieder zu beweisen, darf man nur den scharf beobachtenden Zerglíederer fragen; ob nicht jeder Muskel von jedem andern, der denselben Namen führt, aber zum Körper eines andern Menschen gehöret, verhältnißweise eben so verschieden sey, als die ganze Gesichtsbildung von jeder andern verschieden ist?

Vielleicht findet man es lächerlich, aus einem Knochen oder einem Zahne physiognomische Beobachtungen herzuleiten. Ich finde es gerade eben so natürlich, als aus dem Gesichte. Nicht, daß das ganze Gesicht als ein Zusammenfluß von lebendigen Expressionen, nicht viel stärker und entscheidender spräche, als ein einzelnes kleines Glied. Auch allerdings nicht, daß mir das eine so leicht sey, wie das andere. Allein ich getraue mir zu behaupten, der preiswürdige Schöpfer habe eine solche Proportion oder Analogie zwischen allen Theilen der Maschine des menschlichen Körpers festgesetzt, daß ein höherer, ein englischer Verstand aus einem Gelenke oder Muskel die ganze äußerliche Bildung, und den allseitigen Contour des ganzen Menschen bestimmen könnte, und daß folglich ihm ein einziger Muskel hinreichend wäre, den ganzen Charakter des Menschen daraus zu calculiren.

Ein großer und scharfbeobachtender Zergliederer, ein *Morgagni*, ein *Meckel*, wird, wenn man ihm die Knochen von verschiedenen Skeleten unter einander würfe, diejenigen, welche zu Einem Körper gehören, wohl zusammen finden können. Ein Mahler kann zwar oft, wie der Verfertiger eines Skelets, Glieder von verschiedenen Körpern in einen zusammen setzen; nur das ungeübte Auge wird dies nicht bemerken; aber der feinere Kenner wird sagen: Eine Hand vom *Vandyk* paßt sich nicht zu einer Figur von *Rubens*.

Hieraus ergiebt sich nach meinem Bedünken unwidersprechlich, daß alles große und kleine an dem menschlichen Körper bedeutend sey; daß die Natur eine zehntausendfache Sprache habe, in welcher sie auf einmal mit uns redet; daß sie an sich selbst sehr verständlich, sehr unzweydeutig rede; daß es nicht an ihr, sondern an uns fehle, wenn sie nicht verstanden oder unrecht verstanden wird; daß folglich die Physiognomik nicht eine eingebildete, sondern eine würkliche Wissenschaft sey.

Wenn alles bisher gesagte noch nicht hinlänglich wäre, dieses zu beweisen, so bliebe uns zuletzt noch die besondere Erfahrung übrig, daß es Menschen gegeben hat, und noch giebt, welche eine unglaubliche Fertigkeit besaßen, aus dem Aeußerlichen eines Menschen seinen innern Charakter größtentheils richtig und nach der Wahrheit zu beurtheilen.

DRITTER ABSCHNITT.

Von dem Nutzen der Physiognomik.

Nachdem wir die Würklichkeit der Physiognomik dargethan zu haben glauben, so wird es Zeit seyn, auch ein paar Worte von dem Nutzen dieser Wissenschaft zu sagen.

Ist es nicht ausgemacht, daß der Umgang mit den Menschen das erste ist, was uns in der Welt aufstößt; der Mensch ist berufen, mit Menschen umzugehen. Kenntniß des Menschen ist die Seele des Umgangs, das, was den Umgang lebendig, angenehm, und nützlich macht; und etwas, das auf einen gewissen Grad einem jeden Menschen schlechterdings unentbehrlich ist. Ich rede nemlich von derjenigen Kenntniß des Menschen, die von den freywilligen Entdeckungen der Vertraulichkeit nicht abhängt.

Die Wörter: Staatsmann, Seelsorger, Prediger, Arzt, Kaufmann, Freund, Wohlthäter, Hausvater, Ehegenosse, darf ich nur aussprechen, um einen jeden, der sie höret, sogleich zu überzeugen, daß es eine sehr vortheilhafte, ja unentbehrliche Wissenschaft für einen jeden sey, aus dem Aeußerlichen des Menschen seinen Charakter erkennen zu können; wenigstens diejenige Seite davon, mit welcher man es zu thun hat. Ich bin auch überzeugt, daß wenn alle Physiognomik, wovon mancher ohne es selbst zu wissen so viel besitzt, (ich meyne, die deutliche sowohl, als die confuse) aus der Welt auch nur einen Tag herausgehoben werden könnte, viele Millionen Handlungen und Unternehmungen, die die Ehre der Menschheit sind, würden unterlassen werden; und daß unsere Sicherheit, die auf einer Summe angeblicher, oder blos confus gedachter, deutlich bemerkter, oder blos empfundener Wahrscheinlichkeiten beruht, bey allem, was wir unmittelbar mit den Menschen zu thun haben, unendlich geschwächt und wankend gemacht werden würde.

Die gute Physiognomie eines Menschen ist für den Kenner eine der besten Empfehlungen, und ich mache mir kein Bedenken zu sagen, eine der sichersten, die Gott ihm selbst angehängt, oder aufgedrückt hat; die das Herz zugleich einnimmt, und mit Freude und Liebe erfüllet.

Die Physiognomik ist eine Quelle der feinsten und erhabensten Empfindungen; ein neues Auge, die tausendfältigen Ausdrücke der göttlichen Weisheit und Güte zu bemerken, und den anbetungswürdigen Urheber der

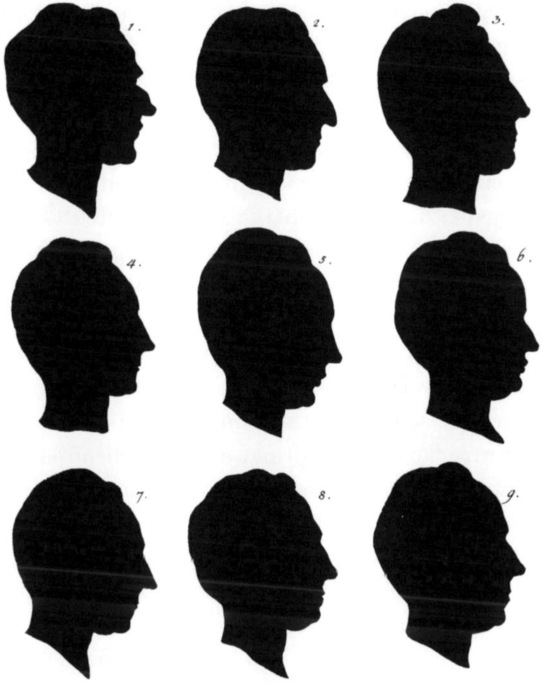

Neun erdichtete Silhouetten zur Prüfung des physiognomischen Genies.
»1. Ein guter brauchbarer Geschäfftsmann, von gemeinem Verstande, ohne starke Leidenschaft.«

menschlichen Natur, der so unaussprechlich viel Wahrheit und Harmonie in dieselbe gelegt hat, in neuen Liebenswürdigkeiten zu erblicken. Wo das stumpfe und ungeübte Auge der Unaufmerksamen nichts vermuthet, da entdeckt das geübte des Gesichtskenners unerschöpfliche Quellen des geistigsten, sittlichsten, und zärtlichsten Vernügens. Nur er versteht die schönste, beredteste, richtigste, unwillkührlichste und bedeutungsvolleste aller Sprachen, die Natursprache des moralischen und intellectuellen Genies; die Natursprache der Weisheit und Tugend. Er versteht sie im Angesichte derjenigen, die selbst nicht wissen, daß sie dieselbe sprechen; er kennet die Tugend, so versteckt sie immer seyn mag. Mit geheimer Entzückung durchdringt der menschenfreundliche Physiognomist das Innere eines Menschen, und erblickt da die erhabensten Anlagen, die sich vielleicht erst in der Ewigkeit entwickeln werden. Er trennt das Feste in dem Charakter von dem Habituellen, das Habituelle von dem Zufälligen. Er beurtheilt den Menschen nach ihm selbst, und nicht nach seinen äußern Verzierungen.

Die Physiognomik verschwistert Herzen und Herzen; sie stiftet die dauerhaftesten und edelsten Freundschaften; sie erhöhet das Vergnügen des Umganges; sie sagt dem Herzen, wo es reden und schweigen, warnen und ermuntern, trösten und strafen soll.

Sie ist zu der Erziehung der Kinder oder Lehrlinge schlechterdings unentbehrlich. Denn sie zeigt mehr, als alle Handlungen und Worte; sie zeigt die intellectuellen und moralischen Anlagen.

Aber ja, verhehlen wollen wir es auch nicht, sie ist in einem bösen Herzen das Schwert eines Rasenden; eine

Quelle von teuflischem Argwohn. Mit einem Worte, sie kann, wie jede andere Wissenschaft, gemisbraucht, und mehr als hundert andere Wissenschaften dem Besten des menschlichen Geschlechtes, der Tugend und der Religion, geheiligt werden.

VIERTER ABSCHNITT.

Wie vielleicht diese Wissenschaft studirt werden solle.

Wir kommen nun zu der schweren Frage: wie die Physiognomik, diese würkliche, diese nützliche Wissenschaft, studiret werden soll? wie man lernen soll, diese vielbedeutende Natursprache zu verstehen?

Es ist sehr schwer, diesen Unterricht in Regeln zu fassen. Es ist unmöglich, alles das, was das Auge des geübten Beobachters wahrnimmt, mit Worten auszudrücken. Es verhalt sich bey dieser Wissenschaft gerade, wie bey der Mahlerey und Tonkunst. Der Mahler und Tonkünstler kann Schönheiten wahrnehmen, empfinden, und mit der anschauendsten Ueberzeugung erfüllet seyn, daß es Schönheiten sind; aber vielleicht kann er sie einem andern weder empfindbar machen, noch auch ihm Anleitung geben, wie er lernen müsse sie zu empfinden.

Indessen giebt es doch gewisse allgemeine Regeln, die freylich nicht zu *Augen* werden, aber doch als *Brillen* gebraucht werden können; Regeln, die sich angeben und mittheilen lassen.

Laßt uns also einen Versuch machen, wie vielleicht der Beobachtungsgeist bey dieser Wissenschaft zu Werke gehen sollte. Aber wir wollen es ja nicht vergessen, einmal, daß der größte Theil dieser Kunst dem Genie ganz allein überlassen bleiben muß; und dann, daß auch die Regeln, die hier angegeben werden, bloße Versuche, und zwar blos Versuche sind, die allgemeinen Regeln der Beobachtungskunst auf die Gesichtsbildung, oder das Aeußerliche des Menschen, anzuwenden.

Um aber auch hierinn uns weniger zu verwirren, müssen wir den oben erwähnten Unterschied der empyrischen und philosophischen Physiognomik nicht aus dem Gesichte verlieren. Wir müssen noch hinzu thun, daß die empyrische Physiognomik sich wieder in die confuse und klare; die philosophische oder theoretische in die physische und metaphysische zertheilt.

Ehe ich zur Sache schreite, erlaube man mir, noch eine Anmerkung zu machen. Es ist sehr wichtig, daß man die logischen Regeln der Beobachtungs- und Erfahrungskunst, und überhaupt den Geist der wahren Philosophie, von dieser Wissenschaft nicht trenne, sondern daß man sich ganz davon leiten lasse. Gar zu leicht würde man sich sonst in eben so lächerliche und abgeschmackte, als schädliche und unmoralische Charlatanerien verlieren. Es ist dieses ein so sehr gemeiner Fehler beynahe aller und insonderheit der ältern Verfasser von der Physiognomik, daß man sich nicht sehr verwundern darf, warum man die ganze Wissenschaft für lächerlich und chimärisch erkläret hat. Ohne beygefügten Grund, ohne den Gang ihrer Beobachtung anzuzeigen, ohne die Beobachtung selbst genau genug zu bestimmen, begnügen sich die meisten Verfasser, und vorzüglich Herr *Peuschel*, einer der neuesten, ihre Kennzeichen, oder wohl gar ihre Vorbedeutungszeichen anzugeben, und ins Publicum hinein zu werfen, wie der Charlatan von der Marktbühne seine Pakete.

Folianten müßte man freylich schreiben, wenn man alle Regeln für alle besonderen Charaktere, nemlich die physiologischen, medicinischen, moralischen u.s.f. nach der empyrischen und philosophischen Physiognomik aus einander setzen wollte. Man erwarte also von mir weiter nichts, als einige Beyspiele.

Da die confuse empyrische Physiognomik anders nichts ist, als der unerkennbare Totaleindruck, den das Aeußerliche eines Menschen auf uns macht, so kann für diese eigentlich keine Erlernungsregel gegeben werden. Denn sobald ich Regeln dazu gäbe, so bezögen sich diese entweder auf die besondern einzelnen Züge, die zusammen einen charakteristischen Eindruck machen; oder auf die Vergleichung dieses ganzen Aeußerlichen mit dem ganzen Aeußerlichen anderer Menschen; mithin wieder auf angebliche Bestimmungen. So bald aber diese Bestimmungen angeblich werden, so gehören die Regeln, welche sich auf die Erlernung oder Kenntniß derselben beziehen, dann schon zur klaren empyrischen Physiognomik.

Auf diese also werden sich vornemlich die Beyspiele beziehen, durch die ich mit furchtsamer Hand es wagen will, den Gang der Erlernung dieser Wissenschaft einigermaßen zu bezeichnen. Wir müssen nemlich allererst bey dem anfangen, was gewiß und zuverläßig ist.

Wir müssen folglich die Extrema oder höchsten Punkte und Zeichen vor allen Dingen uns bekannt machen, und wohl einzuprägen suchen.

Wir müssen das Feste von dem Weichen, das Haftende von dem Zufälligen wohl unterscheiden.

Wir müssen beobachten und wieder beobachten, vergleichen und wieder vergleichen; und lange mit unsern Entscheidungen und unserm Urtheile zurückhalten.

Folgendes Beispiel mag diese Regeln beweisen und anschaulich machen.

Ich will die Merkmale der Dummheit und eines durchdringenden Verstandes erforschen.

Ich gehe also, um die erste zu finden, in ein Thorenhospital, wo ich eine Sammlung von Menschen finde, deren Bestimmung nicht ist, daß sich ihre Verstandesfähigkeiten in diesem Leben entwickeln sollen; hier weiß ich nun gewiß, daß ich mit Thoren aller Arten umgeben bin. Ich begnüge mich nicht, mich nur dem confusen Eindrucke zu überlassen, den die verschiedene Natursprache der verschiedenen Dummheit auf mich macht. Ich frage mich also: was haben diese dem Scheine nach unglückselige Menschen Charakteristisches in ihrem Aeußerlichen? wo mögen vornemlich die Kennzeichen ihrer so vorzüglichen, so unzweifelhaften Dummheit ihren Sitz haben? worinn unterscheiden sie sich von andern, und insonderheit weisen Menschen?

Ich fange an bey der ganzen Statur überhaupt, ich frage: Ist sie proportionirt? Ist sie es nicht? Wo ist der Hauptsitz der Disproportion? Worinn unterscheiden sie sich im Ganzen von andern Menschen? Aber das ist noch lange nicht genug. Ich durchgehe mit meinen Beobachtungen Theil vor Theil an ihrem Körper. Ich vermuthe zum voraus, daß von der Beschaffenheit, Lage, und Größe des Gehirns vielleicht viel abhängen möchte. Ich vermuthe, daß die äußere Figur des Hirnschädels sich nach dieser Beschaffenheit, Lage, und Größe werde ge-

Sechs männliche Silhouetten zur Prüfung des physiognomischen Genies.
»Und was hälst du von dem Knaben 5?«

formet haben; denn ich weiß, daß das beinigte Wesen, woraus er bestehet, anfangs sehr weich, und gleichsam nur eine aus rohrförmigen Fasern gespannte Pergamenhaut gewesen; daß sogar noch in dem Schädel eines Erwachsenen inwendig merkbare Eindrücke der Pulsadern anzutreffen sind. Ich weiß auch, wie viel Verletzungen und Pressungen des Hirnschädels bey alten, insonderheit aber bey jungen Personen in Absicht auf ihre Verstandesfähigkeiten würken können, u.s.f. Dies bringt mich vielleicht auf die Vermuthung, daß ich etwa mein erstes Augenmerk auf die festen Theile der Hirnschale richten müsse. Ich finde sogleich, daß ich von vorne her mit meiner Beobachtung nicht wohl zurechte komme, und daß sich das Besondere, das darinn seyn möchte, zwar auch bemerken, aber nicht so leicht behalten, vielweniger anschaulich bestimmen läßt. Ich richte mich also gegen das Profil, und finde wenigstens so viel, daß sich dieses mit leichter Mühe nachzeichnen, und also viel leichter vergleichen läßt.

Ich fange also an, mir die Profile von der Stirne einzuprägen: und indem ich diese sehe, so glitscht meine Beobachtung zugleich über das ganze Gesicht herunter, und es will mich dünken, daß der Eindruck von ihrer Dummheit stärker und lebhafter bey mir werde. Ich fahre also fort; ich nenne, oder welches besser ist, ich zeichne mir die ganzen Profile; und wenn ich einige gezeichnet habe, so fange ich an zu vergleichen. Ich lege meinen Bleystift beyseite, und versuche es, diese Linien mit Worten und Namen zu bezeichnen. Ich werde zum Exempel sagen: diese Stirne ist zu kurz, und zugleich so platt, das Haar so tief darüber herabgewachsen; jene ist zwar hoch und groß, aber sie ist zu glatt, kahl, oder so und so empor gefurcht; so und so gewölbt, so häutig, u.s.f. Ich werde sagen, diese Augenbraunen sind so wild und waldicht hervorragend, jene so hoch über den Augen, so haarlos, so weit von einander entfernt. Sodann komme ich an die Augen. Die einen sind so klein, das obere Augenlied so tief überhängend, das untere so wurstförmig; die Adern dort so weit offen, so weiß, so hervorragend. Die Nase ist so aufgedumpft, so fleischicht, jene so hervorstehend groß und breit; und eine andere so stumpf gegen die untere Lippe, wie eine Section von einem Zirkel. Die Entfernung von der Nase zur Lippe ist auch bey einigen sonderbar genug; die obere Lippe ist zu fleischicht, zu überhängend, die Zähne so sichtbar, die untere Lippe entweder so schief, oder so niederhängend und offen; ich kann mich nicht erwehren, *die unaussprechliche Selbstgenügsamkeit* mit einem kleinen Lächeln anzusehen, welche so augenscheinlich auf diesen *Lippen* schwebt. Das Kinn ist bey dem einen so hoch, so gerade, so fleischicht, so plump.

Nun beobachte ich noch den Hals, den hintern Theil des Kopfes, die Haare, die Arme, und die Hände; nicht die Linien der Hände, welche in der Träumerwissenschaft, die Chiromantie heißt, so allbedeutsam sind, und nicht nur den ganzen Charakter bezeichnen, sondern auch das geheime Archiv von den Schicksalen des Menschen enthalten sollen. Der Umriß, die Plumpheit, und Nervenlosigkeit der Hände sind ein Gegenstand meiner Beobachtung; so wie die Beine, die Stellung der Füße, die entweder parallel oder gegen einander eingekehrt stehen; und endlich der Gang.

Nun suche ich in jedem, oder doch in einigen, diejenigen Partheyen aus, welche mich am entscheidendsten dünken. Ich frage mich Theil für Theil; ich bedecke erstlich mit der Hand den Untertheil, dann den Obertheil des Gesichts; ich schließe aus, und sage: dieser Zug scheint nicht charakteristisch zu seyn; jener auch nicht; aber der da; oder dann alle zusammen. Ich bemerke mir diese vorzüglich; ich bemerke auch insonderheit das Aehnliche dieser Physiognomien; das Aehnliche von vorne her, das Aehnliche im Profile, das Aehnliche im Gange, das Aehnliche im ganzen Aeußerlichen.

Ich fange an zu reden, zu fragen, zu horchen. Ich finde ihre Stimme, ihre Muskeln, ihre Backen, Lippen, Zähne, Augen, gedoppelt bedeutsam; ich suche auch dies fest inne zu behalten; und damit ich es könne, versuche ich sogleich, Wörter bey mir auszufinden, welche sich so genau als möglich zu diesen charakteristischen Zügen passen. Wenn mir diese gelungen sind, so gehe ich nach Hause, classificire meine Zeichnungen und Charaktere; und damit mir dies leichter werde, so fange ich an, Theil mit Theil, Beschreibung mit Beschreibung zu vergleichen, bis ich endlich abstrahiren, und einige Merkmale bestimmen kann.

Aber nun darf ich noch nicht glauben, weit gekommen zu seyn. Meine Beobachtungen sollen genug wiederholet werden, ehe ich sie jemanden entdecke, ehe ich sie bey mir selbst für zuverlässig halte. Ich komme nun in eine Gesellschaft, ich treffe da einen unbekannten Mann an. Enthalten kann ich mich nicht, gerade bey dem ersten Anblicke zu vermuthen, daß er nicht von den klügsten sey. Warum das? Er hat eine Aehnlichkeit mit den cha-

Von den Temperamenten
»Der Sanguiniker ist beynahe unverbesserlich – nur dürfte die Nase vom Munde noch etwas weiter abstehen.«

rakteristischen Zügen der Thoren, die ich noch im Gedächtnisse habe. Das ist lieblos, denke ich, du thust ihm vielleicht Unrecht. Er spricht; ich erröthe; so was dummes habe ich in meinem Leben nicht gehört. Er schweigt; so dumm habe ich in meinem Leben nicht schweigen gesehen. Man spricht von einer ernsthaften Sache; in *süßer Selbstzufriedenheit* nickt er Beyfall zu, wo es sich gar nicht schickt; unwiderstehlich muß ich mich nun nochmals an die beynahe auf allen Thorengesichtern, die ich beobachtet habe, ausgegossene Selbstgenügsamkeit erinnern. Man lobt etwas; er nickt Misfallen. Ich bemerke insonderheit, wenn er etwas auffallend dummes sagt, gleichsam den Sitz seiner Dummheit; und setze ihn also in die erste, zweyte, oder dritte Classe.

Nun fange ich an, meiner Kunst zu trauen. Ich treffe wieder einen Mann an, der in eine meiner Classen zu gehören scheint. Allein dieser Mann spricht sehr vernünftig; ich muß ihn eben so sehr bewundern, als ich mit jenem Mitleiden haben mußte; ich schäme mich vor ihm. Wie? wenn er mein erstes Vorurtheil auch aus meiner herabschauenden Miene vermuthet hätte? Aber noch mehr schäme ich mich vor mir selber! Was? Sobald ich ihn sah, triumphirte ich über mein Arcanum; nun sehe ich mich betrogen. Wie das? – doch ist dieser Zug würklich ähnlich mit meiner ersten oder zweyten Classe. – Vielleicht war die Anlage, die Erziehung der ersten Jahre, nicht die beste? der Fleiß und die Uebung der spätern Jahre haben diesen Mangel größtentheils vergütet, und die ersten Falten, die sich den noch weichern Muskeln aufgedrückt haben, noch nicht auslösen können? Vielleicht hat sonst ein Zufall mit etwas dazu beygetragen, daß ihm, zum Exempel, die Lippe so fleischicht herunter hängt? Aber denn sind auch noch so manche vergütende Züge; seine Augen, seine Stirne, seine Gebehrden reden so vortheilhaft für ihn; aber am meisten seine weisen feinen Anmerkungen, seine gesetzten, wohl überlegten Urtheile.

Also lerne ich, daß ich äußerst behutsam und zurückhaltend seyn muß; sonst laufe ich Gefahr, in meinen Urtheilen übereilt und ungerecht zugleich zu seyn. Ich lerne, daß ich mich nicht auf einen einzigen Zug verlassen, daß ich verschiedene zusammennehmen muß.

Unterdessen fahre ich fort, mein Auge in der feinen und schnellen Beobachtung dessen, was in den menschlichen Gesichtern ähnliches und unähnliches ist, zu üben. Ich mache wieder eine Anwendung von meiner ersten Beobachtung; sie paßt sich vortrefflich. Ich sollte erschrecken, daß ich einen Menschen gefunden, der das Unglück hat dumm zu seyn; aber ich bin so boshaft mich zu freuen, nur darum, weil ich den Schlüssel zur Entziefferung der Dummheit gefunden zu haben glaube.

Ich gehe in meine Kammer, mein Gewissen macht mir Vorwürfe: du opferst dein Herz dem Verstande, und die Menschenliebe deiner Wissenschaft auf. Ich schäme mich; ich verschwöre die Physiognomik. Allein ich erhole mich wieder; unmöglich kann diese Wissenschaft an sich sündlich, oder Gott misfällig seyn. Unmoglich kann es der Urheber der menschlichen Gesichtsbildungen, der seine Weisheit in der unendlichen Mannichfaltigkeit offenbaret, misbilligen, wenn ich mich bestrebe, die Zeichen dieser Mannichfaltigkeit, welche die Bande der menschlichen Gesellschaft auf mancherley Weise knüpfen sollen, mir selbst klar zu machen, und zu bestimmen. Nur muß ich nicht da anfangen, wo ich aufhören sollte; da, wo mein Herz vielleicht in Gefahr kommen könnte. Ich muß nur nicht darauf ausgehen, Dummheit und Bosheit zu finden. Ich will Verstand und Tugend aufsuchen; ich will meinem Herzen da eine Quelle von den feinsten Vergnügungen öffnen; ich will die Physiognomien der Verständigen und Tugendhaften studieren. Ich will die Form, die Farbe, die Lage, die Proportion des Gesichtes, die Muskeln, die Stellung, die Gebehrden, das Feuer der Augen, die Bewegung der Lippen bemerken, wenn der tiefsinnige Denker ein schweres Problem auflöset, und einen verworrenen Satz auf der Wage deutlicher Begriffe abwiegt; wenn der redliche Christ von Gott, von der Ewigkeit, von der Tugend spricht; noch mehr, wenn er handelt, da will ich ihn belauschen, den bewährten, den redlichen Mann, von dem ich sonst gewiß weiß, daß man sich auf sein Herz und seine weise Rechtschaffenheit verlassen darf. Jenen Blick, mit dem er einem Armen nachschaut, dem er gern noch mehr würde gegeben haben, wenn es nur in seinem Vermögen gestanden hätte; jenes sanfte stille Gott dankende Lächeln, das um seine Lippen, auf seinen Wangen schwebt, und aus seinen Augen leuchtet, wenn er einen Tugendhaften rühmen oder eine großmütige Handlung erzählen hört; jene standhafte, bescheidene und doch unüberwindliche Miene, die mit dem Bewußtseyn, daß man recht gehandelt hat und weiter recht handeln will, so wesentlich verbunden ist; jene bewundernswürdige Ruhe, wenn er Beleidigungen vergiebt, und wenn seine Eingeweide entbrennen, den Beleidiger zu segnen: Diese schönen Züge will ich mir sorgfältig auf-

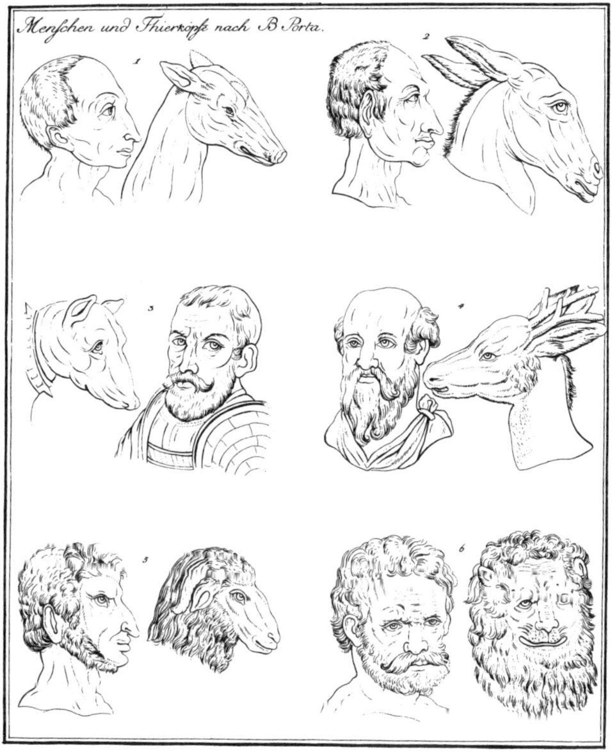

Menschen und Thiere.

»Hier noch einige dem Porta *nachgezeichnete Thier- und Menschenphysiognomien – die ausgesuchtesten, besten – und in diesen, welche Unähnlichkeit!«*

fassen. Ich will sie mir vermittelst meines Bleystiftes aufbewahren, aber das unnachahmliche und von keiner Menschenhand erreichbare Urbild mir dennoch tief einprägen; und zu dem Ende ganz einfache, ruhige, unzerstreuete Beobachtung seyn. Ich will in dem Sanftmüthigen die Züge der Sanftmuth, in dem Demüthigen die Züge der Demuth aufsuchen. Aber die Beobachtung soll genau seyn; sie soll oft wiederholet, und oft geprüfet werden. Wie kann das möglich seyn, wenn ich sie nur verstohlner Weise machen muß? Ist es nicht unbescheiden, Gesichter zu analysiren? und wenn die Demuth es merkt, wird sie sich nicht wegwenden, und verhüllen? In der That hier stößt mir ein neues großes Hinderniß meines Studiums auf; wer merket, daß er beobachtet ist, wird entweder unwillig, oder er verstellet sich. Wie kann ich dieser Schwierigkeit abhelfen? Vielleicht zum Theil auf folgende Weise.

Ich gehe in die Einsamkeit; ich nehme ein Medaillen- oder Bildsäulenwerk von Antiken; die Cartons eines *Raphaels*, die Apostel eines *Vandyks*, die Portraite eines *Houbraken* vor mich; diese darf ich betrachten, wie ich will; diese auf alle Seiten kehren. Diese großen Männer sollen mir die Augen öffnen; das Schöne und Große in meinen Nebenmenschen, meinen Brüdern, mir entdecken.

Ich suche nun die Charaktere zusammen, die sich, zufolge der Geschichte, oder aus ihren Thaten und Schriften zu schließen, einander ähnlich sind. Ich mache eine Reihe von *Clarke, Loke, Pope, Newton*; wieder eine von *Homer, Klopstock, Milton, Bodmer*; eine andere von *Boileau, Voltaire, Corneille, Racine*; wieder eine andere von *Gesner, Thomson*; wieder eine andere von *Swift, Rabener*; wieder eine andere von *Tessin, Moser*; wieder eine andere von *Lycurg, Montesquieu, Mirabeau*; wieder eine andere von *Albin, Haller, Boerhave, Morgagni*; noch eine andere von *Socrates, Plato, Xenophon*; noch eine andere von *Zwingli, Calvin, Bullinger*. Nun fange ich an zu beobachten; aber vergesse es nicht, erstlich, daß keines aller dieser Bildnisse, so wohl gerathen sie immer seyn mögen, die lebendige Natur erreicht; zweytens, daß, wenn sie auch den höchsten möglichen Grad der Vollkommenheit erreicht hätten, sie nur eine einzige, momentale Situation und Gesichtslage darstellen; drittens, daß die Lebendigkeit, der stärkste Ausdruck im menschlichen Gesichte, das Licht, die Wärme, die sanfte Bewegung mangelt. Die Betrachtung dieser Unvollkommenheiten macht mich also recht sehr behutsam. Nun beobachte ich erst jedes Portrait für sich allein; dann vergleiche ich die Glieder einer jeglichen Reihe mit sich selbst; dann jede Reihe mit der andern; dann vergesse ich meine Charaktere, und stelle die ähnlichen Bildungen zusammen; dann versetze ich die Bildnisse wieder, und stelle die unähnlichsten neben einander. Dann fange ich an, mit Worten zu beschreiben, wie wenn ich diese Physiognomien einem beschreiben wollte, der das Bildniß nicht sehen kann, und doch einen deutlichen Begriff davon bekommen wollte. Dadurch gewinne ich dreyerley: ich beobachte weit besser; ich entwickele die Totaleindrücke, und löse sie in einzelne Theile auf, welche ich mir fixire; und die Classification wird mir ungemein erleichtert.

Bey dieser Beschreibung gehe ich folgendergestalt zu Werke. Ich bezeichne erst das Ganze überhaupt; dann gehe ich von Theil zu Theile fort; und wenn die Beschreibung fertig ist, so vergleiche ich sie nochmals Zug für Zug mit meinem Urbilde.

Bin ich damit fertig, so lege ich sie beyseite; und nehme das Bildniß allein wieder vor mich, und setze den intellectuellen und moralischen Charakter des lebendigen Originals mir bestimmt vor Augen. Ich sondere das Intellectuelle und Moralische ab; ich wäge jedes für sich ab; und gehe erst den negativen oder Exclusionsweg, dann den positiven.

Um dies deutlich zu machen, will ich einige Versuche vorlegen. Mit einem Profile, und einem ganzen Gesichte.

Ich nehme das Profil des *Montesquieu*, nach *Daciers* Medaille.

Ich fange bey dem Ganzen des Kopfes an, und sage: er ist überhaupt proportionirt; der Totaleindruck ist sehr vortheilhaft für den Geist; (dies muß jeder sehen, der auch nur ein wenig Beobachtungsgeist hat, wenn er auch in seinem Leben kein Wort von *Montesquieu* gehöret hätte) die Stirne ist schief; der Winkel, den sie mit einer Perpendicularlinie, in dieser natürlich scheinenden Stellung des Kopfes macht, ist wohl in die dreyßig Grade; oben gegen die Haare ist sie stark zurück gewölbt; nicht runzlicht; nicht fleischicht, sondern gespannt und beinicht; bey den Schläfen ist sie ein wenig eingedrückt; die Augenbraunen scheinen nicht sehr haarreich; doch gegen die Nase etwas dachförmig, gleich gestrichelt; unten an der Stirne, bey der Wurzel der Nase ist ein mittelmäßiger Eindruck; unter den Augenbraunen, über dem obern Augenliede eine merkliche Vertiefung.

Das Auge ist über die Hälfte offen; das obere Augenlied ist ungefähr so breit als das Auge; hinten am obern Au-

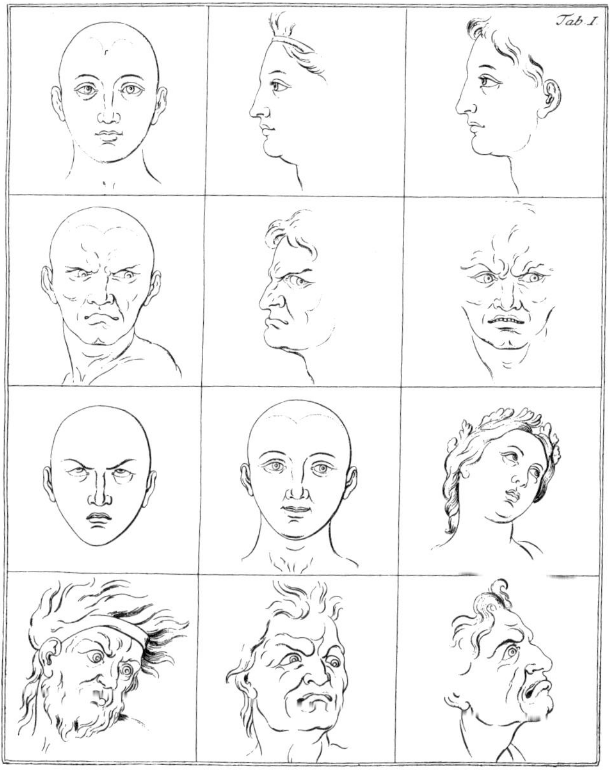

12 Köpfe, allerley Affecten [nach Charles Lebrun].
»Wir fassen zusammen: Was in der Seele vorgeht, hat seinen Ausdruck auf dem Angesichte.«

genliede sind einige Falten; der Stern im Auge ist im Profile merklich, und hinter sich stehend; der Augenmuskel unter dem Auge hat drey merkliche Falten, wovon die äußerste mit dem untern Umrisse des obern Augenliedes beynahe einen halben Zirkel ausmacht.

Die Nase hat die Länge der Stirne; sie läuft, den Eindruck bey der Wurzel ausgenommen, fast in einer Linie mit der Stirne fort; in der Mitte hat sie eine kaum merkliche flache Einbiegung; unten ist sie ziemlich rund und weit hervorstehend; das Nasloch ist lang und offen; das Nasläppchen unterher fein, und nicht stumpf; die Einbiegung davon geht kaum bis auf die Hälfte der Nasbreite; der untere Umriß unter dem Nasenloch ist bis an die vördere Wölbung ziemlich horizontal, und macht mit dem Profile der obern Lippe beynahe einen rechten Winkel aus; die Wangenfalte von der Nase gegen den Mund ist etwas scharf, und beynahe bis gegen den Mund zu flach; die Oberlippe ist flach gewölbt, nicht muskulös; die Lippen scheinen ziemlich fest aufeinander zu liegen; keine ragt über die andere hervor; sie sind nicht hoch, nicht fleischicht; stehen nicht ganz horizontal; lenken sich am Ende eher ein wenig gegen das Auge.

Die untere Lippe bis zum Kinn ist nicht so lang als die obere; gegen das Kinn etwas eingebogen, und unterscheidet sich vom Kinne durch einen sanften gegen den Winkel der Lippen sich hinauflenkenden Einschnitt.

Das Kinn selbst ist nicht viel hervorstehend, nicht spitzig, auch nicht sehr fleischicht, macht ungefähr den Drittheil eines nicht völligen Zirkels aus.

Der Punkt, wo das Unterkinn anhebt, ist merkbar; das Unterkinn selbst aber ist nicht fleischicht, auch beynahe ganz flach im Umrisse; wenn von dem Punkte, wo sich der Hals anzuheben scheint, eine Horizontallinie gezogen würde, so möchte der Winkel vom untern Umrisse des Kinnes ungefähr zwanzig Grade seyn.

Der Hals ist weder lang noch kurz, weder dick noch dünne, von vorne nur ein wenig ausgebogen; die Gurgel kaum merkbar; aber merkbar, breit, und doch nicht unsanft ist der lange Seitenmuskel am Halse vom Ohr gegen die Brust *(Musculus colli lateralis)*; hinten ist der Hals eingebogen; der Umriß der ganzen Hirnschale von der Stirne zum Nacken macht etwas mehr als die Hälfte eines Zirkels aus, und ist also hinten sehr merklich hervorstehend; ein Umstand, der mich sehr aufmerksam macht, weil er durch die Lage und Größe des großen und kleinen Gehirns bestimmt wird.

Das Ohr ist breit, läuft mit dem untern Umrisse der Nase, und dem obern Augenliede ungefähr parallel.

Die Muskeln am Kinnbackenbein *(Musculi maxillares inferiores)* sind merkbar. Die Backen unter dem Jochbein ein wenig hohl.

Man kann nicht glauben, wie sehr die Kenntniß der Physiognomien durch eine solche Beschreibung zunehmen muß; wie sehr sich das Auge des Beobachters dadurch schärft und übet; wie stark der Eindruck dadurch wird.

Wenn ich nun nichts von *Montesquieu* wüßte, und sein Angesicht auf diese Weise beobachtet hätte, so würde ich erst die Methode der Ausschließung bey der Beurtheilung desselben anwenden. Ich würde zum Exempel sagen: so sieht kein Dummkopf aus; dies Gesicht ist nicht das Gesicht eines Blöden, Seichten, Trägen; nicht eines

Traurigen, Melancholischen; nicht eines Flüchtigen, Furchtsamen.

Aber es macht den Eindruck von Kühnheit, Lebhaftigkeit, Aufmerksamkeit; es ist etwas festes, männliches, nervöses, feines, gesetztes, überlegtes darinn.

Diesen Eindruck muß es sogleich auf jedem Auge würken. Vermuthlich, weil es uns dunkle Aehnlichkeiten mit Leuten darstellt, an denen wir durch Erfahrung und Umgang dergleichen Eigenschaften bemerkt haben.

Allein nun gehe ich Theil für Theil durch, und jeder einzelne Theil fängt an, mir für sich selbst charakteristisch zu werden, und wenn ich so sagen darf, jeder giebt zu dem großen Quantum von Geist, welcher sich in diesem Gesichte ausdrückt, seinen mehr oder minder beträchtlichen Beytrag. Ich finde keinen Zug, den ich der Dummheit verdächtig halten dürfte.

Nun laßt uns auch ein Gesicht von vorne her betrachten. Aber dabey wird vor allen Dingen anzumerken seyn, daß es erstlich weit schwerer ist, den vördern Theil des Gesichts, als das Profil zu beschreiben; eben so wie es größtentheils auch schwerer ist, dasselbe zu zeichnen. Zweytens, daß das Anschauen des Mahlers, und folglich die Activität der Muskeln, wenn sich jemand mahlen läßt, uns statt des natürlichern Zustandes größtentheils etwas gezwungenes, steifes, oder gespanntes darstellt; welches bey dem Profile selten wiederfährt, wo der, welcher sich zeichnen läßt, größtentheils eben darum, weil ihn das Auge des Mahlers nicht regiert, natürlicher und freyer schaut.

Laßt uns die Hauptzüge an *Newton* bemerken. Ein länglicher, fast cylindrischer Kopf, von einer mehr fleischichten als beinichten Art; der sich in meinen Augen sogleich durch die genaue Proportion ausnimmt, indem von der Stirne bis oben an die Augenbraunen, von diesem Punkte bis unten an die Nase, und von da bis unten ans Kinn, dieselbe Weite ist. Die Stirne ist hoch, über den Augenbraunen etwas hervorstehend, bey den Schläfen ein kleiner Bug oder Eindruck.

Die Augenbraunen sind haarreich und dachförmig.

Die Augen genau in der Mitte des ganzes Kopfes, hinter dem Vordache; das obere Augenlied fast so breit sichtbar als das Auge; einige kleine Falten sind hinten dran; das untere Augenlied ist merkbar; die Nase groß, etwas breit, nicht spitzig, knorpelicht und fleischicht; das Nasloch ziemlich weit; das Läppchen geht nur bis an die Mitte der Breite, und ist hinten gegen die Backen viel höher als gegen die Spitze der Nase; die obere Lippe hat ein kegelförmiges Grübchen; die Lefzen sind fleischicht, breit, und würden wahrscheinlich im Profile nicht vor oder zurückstehen, aber in der Mitte gleich einem Winkel eingeschnitten scheinen; unter der untern Lefze sind einige Falten, welche beynahe zufällig zu seyn scheinen; das Kinn ist breit, etwas hervorstehend, muskulos; das Unterkinn uneben, auf der rechten Seite niederhängend, und der Umriß davon bis zum Ohr wellen- oder schlangenförmig; die Haare scheinen weich, fein, wallend. Der Totaleindruck ist für jedermann von Ernsthaftigkeit, Nachdenken, und Weisheit.

Auch dieses Gesicht präge ich mir also ein. Und dann fahre ich so von einem zum andern fort, und finde die augenscheinlichsten Verschiedenheiten; daß folglich jede Art von Genie sich auf eine eigene und besondere Weise ausdrücken kann. Ich bemerke mir aber vornemlich die Aehnlichkeiten; und frage mich: welchen Zug oder welche Züge haben unter zwanzig Genies, die ich vor mir sehe, die meisten mit einander gemein? und ich finde zum Exempel dies Aehnliche in dem Stirnbeine, unter den Augenbraunen, oder in der tiefen Eingebogenheit oben am obern Augenliede, so zeichne ich mir diese Beobachtungen besonders aus; halte sie aber deswegen noch lange nicht für absolute und in jedem Falle entscheidende Merkmale eines vorzüglichen Verstandes. Ich gehe nun wieder zu den Menschen. Ich wende meine Beobachtung an; ich finde sehr viele Verständige, die dieses Merkmal nicht haben; und schließe also, daß das nicht das einzige Merkmal des Verstandes ist. Ich bemerke, zweytens, daß beynahe alle, die dieses Merkmal haben, verständig sind; daraus schließe ich, daß es, wenn gleich nicht das einzige, dennoch ein sehr gemeines und ziemlich zuverläßiges Merkmal des Verstandes sey. Ich finde drittens einen Thoren, der eben dieses Merkmal, aber auch zugleich Merkmale der Thorheit hat und schließe also: dieses Merkmal ist nicht das einzige, aber dennoch ein gemeines ziemlich zuverläßiges Merkmal des Verstandes, wenn keine entgegenstehende oder offenbar widersprechende Züge vorhanden sind.

Hier habe ich also wenigstens eine hypothetische Regel, die freylich durch neue Beobachtungen, immer mehr berichtigt, eingeschränkt und verfeinert werden muß.

Um mich noch mehr zu üben, stelle ich mich vor die Bildnisse solcher Männer hin, deren Charakter oder Name mir unbekannt ist. Ich betrachte sie, messe sie, gehe weg, und komme wieder, und bediene mich dann

Ueber Schattenrisse.

»Ich befinde mich daher weit besser bey einer geflissentlich zu diesem Zwecke verfertigten Sesselrahme, wo der Schatten auf ein Postpapier, oder besser, ein zartgeöltes und wohlgetrocknetes Papier fällt; wo man den Kopf und den Rükken fest anlehnen kann; der Schatten fällt aufs Oelpapier, dieß liegt hinter dem reinen flachen Glase, mit einer gevierten Rahme festgedrückt, die vermittelst einiger kleinen Schiebergen los und festgemacht werden kann.«

wieder des in tausend Fällen so brauchbaren, und dennoch so wenig gebrauchten logischen Kunstgriffes, der Ausschließungsmethode. Ich fange an zu sagen, dieses Gesicht hat nichts blödes, zaghaftes, seichtes; nichts boshaftes, neidisches, argwöhnisches; nichts verschlagenes, zweydeutiges, und schiefes; nichts, nun fehlen mir Worte zu mehrern *nichts*. Ich sehe also, daß ich mir allererst noch einen größern Vorrath von nüancirten Worten erwerben, daß ich eine reichere Sprache haben muß, und mehr charakteristische Zeichen.

Ich gehe also meine ganze Sammlung von Bildnissen wieder durch, und entwerfe allererst einen Nomenclator von allerhand Mienen, Affecten, Neigungen. Ich setze nach einander unter die Rubrik *Geist* die Wörter: tiefer Scharfsinn, Genie, Erfindungskraft, Beobachtungsfertigkeit, Feinheit, Heiterkeit, Feuer, Lebhaftigkeit, Schnelligkeit, Weisheit, Klugheit, Bedächtlichkeit, mittelmäßige Einsicht, vermischte Fähigkeit, Langsamkeit, Schwachheit, Seichtigkeit, Dummheit, Narrheit, Sinnlosigkeit, Tollheit. Ich bringe unter die Rubrik des *Herzens*: allgemeinste Güte, Großmuth, Menschenliebe, Freundlichkeit, Leutseligkeit, Bonhommie, Sanftmuth, Demuth, Bescheidenheit, Zufriedenheit, Andacht, Inbrunst, Gottesliebe, Selbstverleugnung, Gelassenheit, Gedult, Friedensliebe, Aufrichtigkeit, Treuherzigkeit, offnes Wesen, Natürlichkeit, Ungezwungenheit, Ruhe, Leidenschaftlosigkeit, Festigkeit, Standhaftigkeit, Herzhaftigkeit, Entschlossenheit, Heldenmuth, Unüberwindlichkeit, Unermüdlichkeit, Eigensinn, Hartnäckigkeit, Rauhigkeit, Wildheit, Bosheit, Argwohn, Neid, Stolz, Hochmuth, Eitelkeit, kindisches Wesen, Gleichgültigkeit, Leichtsinn,

Unempfindlichkeit, Hartherzigkeit, Unbarmherzigkeit, Grausamkeit, Unmenschlichkeit, Falschheit, Verstellung, Bitterkeit, Feindseligkeit, Rachsucht, Unversöhnlichkeit, Geiz, Diebsucht, räuberisches Wesen, Mordlust, Blutdurst, Schadenfreude, Schalkheit.

Ich durchgehe die Wörterbücher, die Sittenlehren, die Schriften der Menschenkenner, der Philosophen, nur um mein Register von Charakteren groß zu machen, und mit vielen Nüancen zu versehen. Mit diesen gehe ich dann erst wieder zu meinen Bildnissen hin, deren Originale mir unbekannt sind; ich lege sie auf die Wage, zähle meine *nicht dies, nicht jenes* beyseite, bis ich die Charaktere treffe, die sich für das Bildniß passen. Alsdann schlage ich in der Geschichte, und wo möglich in den Schriften oder Werken dieser Männer nach, und erkundige mich so genau als möglich um ihren intellectuellen und moralischen Charakter. Nun, wenn ich diese weiß, kehre ich wieder zu meinen Bildnissen zurück, und vergleiche, und suche den Hauptsitz eines jeden Ausdrucks wieder durch den Ausschließungsweg aus; ich vergleiche die Bildnisse mit mehrern, diese mit Lebenden.

Ich bediene mich noch eines andern Mittels. Oft zeichne ich nach der Natur, und gewinne auf diese Weise die vortrefflichste Gelegenheit zum Beobachten und Abmessen lebendiger Gesichter, und des ganzen Aeußerlichen. Bisweilen zeichne ich auch Profile oder Vordertheile des Gesichts auf ein bloßes Gerathewohl, und finde sodann manchmal, wenn ich mein Register dagegen halte, die charakteristischen Züge, die ich suche. Ich übe mich, um noch weiter zu kommen, Gesichter und menschliche Figuren nach Aufgaben, die ich mir selber mache, zu zeichnen. Ich gebe es mir auf, einen schlauen, einen geraden, ehrlichen, einen hochverständigen, und einen blöden Kopf neben einander zu zeichnen; und so gelange ich endlich zur Classification; welche in meinem Kopfe Tag, und in meinem Gedächtnisse Platz macht. Insonderheit suche ich bey dieser Classification, die festen, beständigen, unverstellbaren, und dann die weichen Theile, die stille Lage, die Bewegung der Muskeln, die zufälligen, die beständigen Falten wohl von einander zu sondern.

Ich nehme die Beobachtung anderer zu Hülfe, ich lege ihnen meine Bildnisse, meine Zeichnungen vor; sie urtheilen; sie haben Ausdrücke, die ich nicht habe, und die passender sind als die meinigen; sie bemerken was ich nicht bemerket habe; ich lehre sie, und lerne noch mehr von ihnen. Und so gelange ich endlich zu einer ziemlich ausgebreiteten und immer zuverläßigern Kenntniß, welche sich um so viel mehr erweitert, je mehr ich mit Menschen umgehe, beobachte, vergleiche, und das ganze Aeußerliche, und die Handlungen, Worte, und Leidenschaften des Menschen zusammen nehme.

FÜNFTER ABSCHNITT.
Eigenschaften und Charakter des Physiognomisten.

Ich setze zum voraus, daß das Ideal von jeder Wissenschaft oder Kunst zuerst, ohne Rücksicht auf die Würklichkeit, festgesetzt werden müsse. Die Staatskunst zeichnet das Ideal eines vollkommenen Staatsmanns; die Gottesgelehrsamkeit das Ideal oder höchste Urbild eines

Wie viel man aus den Schattenrissen sehen kann?
»Man kann an jeder Silhouette 9. horizontale Hauptabschnitte bemerken. [...] Jeder einzelne Theil dieser Abschnitte ist an sich ein Buchstabe, oft eine Sylbe, oft ein Wort, oft eine ganze Rede – der Wahrheit redenden Natur.« Karl Ulysses von Salis (1728-1800)

Gottesgelehrten; die Arzneykunst des Arztes, ohne sich zu bekümmern, ob ein solcher würklich vorhanden, oder würklich in concreto nach allen Umständen möglich sey; der, so diesem Ideal am nächsten kömmt, ist der vollkommenste. Ich zeichne also das Ideal eines Physiognomisten; das ist, ich zeichne ihn so, wie er mir am vollkommensten zu seyn scheinet; jedoch mache ich mir nur eine Vollkommenheit zum Augenmerke, die überhaupt möglich ist. Wer nur eine besondre Art der Physiognomik, zum Exempel nur die medicinische, studiren will, der hat denn freylich ein eingeschränkteres Ideal vor sich. Der vollkommne Physiognomist, der das Innere des Menschen aus seinem Aeußern kennen will, soll, nach meinem Bedünken, folgende Eigenschaften und Charaktere besitzen.

Er soll vor allen Dingen einen wohlorganisirten Körper und feine Sinne haben, welche schnell der ganzen Eindrücke von außen fähig, und geschickt sind, dieselben getreu bis zum Gedächtnisse, oder, wie ich lieber sagen wollte, zur Imagination fortzuführen, und den Fibern des Gehirns einzuprägen. Insonderheit muß sein Auge vorzüglich fein, hell, scharf, schnell und fest seyn.

Diese feinen Sinne müssen seinen Beobachtungsgeist bilden, und hinwiederum durch den Beobachtungsgeist ausgebildet und zum Beobachten geübt werden. Der Beobachtungsgeist muß Herr über sie seyn.

Beobachten ist die Seele der Physiognomik. Der Physiognomist muß also den feinsten, schnellesten, sichersten, ausgebreitetsten Beobachtungsgeist haben. Beobachten ist aufmerken. Aufmerken ist etwas aus einer Menge Gegenstände herausnehmen, und mit Beyseitsetzung aller andern insbesondere betrachten, und die Merkmale und Besonderheiten davon sich zergliedern; folglich unterscheiden. Beobachten, aufmerken, unterscheiden, ist das Werk des Verstandes. Der Physiognomist muß also einen scharfen, hohen, und ausnehmenden Verstand besitzen, um theils richtig zu beobachten, theils die gehörigen Folgen aus den Beobachtungen herzuleiten; nicht mehr und nicht weniger zu sehen, als sich der Beobachtung darstellt; nicht mehr und nicht weniger zu schließen, als richtige Prämissen in sich fassen.

Der Physiognomist muß eine sehr starke Imagination haben, und einen feinen, und schnellen Witz. Imagination, um sich alle Züge nett und ohne Mühe einzuprägen und zu erneuern; und Witz, um das Aehnliche darinn, und derselben Aehnlichkeit mit andern zugleich zu finden. Er sieht zum Exempel eine solche oder solche Nase, die etwas charakteristisches hat. Diese muß sich seine Imagination genau einprägen, und sich wieder darstellen können. Er muß eine Fertigkeit besitzen, Approximationen zu diesem charakteristischen Zuge sogleich zu bemerken. Auch zur Bildung und Erfindung der physiognomischen Sprache ist ihm der Witz, oder die Fertigkeit Aehnlichkeiten zu entdecken, unentbehrlich. Der Physiognomist muß die Sprache vollkommen in seiner Gewalt haben. Er muß sogar im Stande seyn, dieselbe zu erweitern und mit lebendigen und bestimmten Ausdrükken zu bereichern. Alle Reiche der Natur müssen ihm Bilder, alle Magazine der Wörter müssen ihm Ausdrücke leihen.

Er muß ferner eine nicht gemeine Fertigkeit im Zeichnen und Mahlen besitzen, wodurch er sich unzählige schlechterdings mit Worten unbeschreibliche Nüancen aufbehalten und darstellen kann. Er muß schnell, richtig, charakteristisch zeichnen, und wenn er ein vollkommener Meister seyn will, mahlen können, und das Colorit so sicher besitzen, als er in der Zeichnung fest seyn muß.

Er muß die Anatomie des menschlichen Körpers, wenigstens derjenigen Theile, welche sich dem Gesichte darstellen, richtig verstehen; die Proportion aller menschlichen Gliedmaßen genau kennen; und das höchste Ideal eines vollkommenen Körpers wohl inne haben, nicht nur um jede Unregelmäßigkeit sowohl in den festen als in den muskulösen Theilen, sogleich zu bemerken; sondern auch um alle diese Theile leicht benennen zu können, und also seine physiologische Sprache zu bereichern. Eben so vollkommen muß er die Physiologie, oder die Lehre von der Vollkommenheit des menschlichen gesunden Körpers inne haben. Er muß ferner die Temperamente genau kennen; nicht nur die äußerlich durch die verschiedenen Blutmischungen bestimmten Farben des Körpers, sein Air, u.s.f. sondern auch die Bestandtheile des Geblüts und die verschiedene Proportion derselben, vorzüglich aber die äußerlichen Zeichen der Beschaffenheit des ganzen Nervensystems wissen, worauf bey der Erforschung der Temperamente unendlich mehr ankommt, als auf die Kenntniß des Blutes. Er muß auch insonderheit ein geübter Kenner des menschlichen Herzens, der Welt, der Gewohnheiten, und Gebräuche seyn; um zu wissen, wie viel Antheil das Herz, die Gesetze, die Lebensart, die Würkungen der Angewohnheiten, an der Gesichtsbildung und den Gebehrden des Menschen haben.

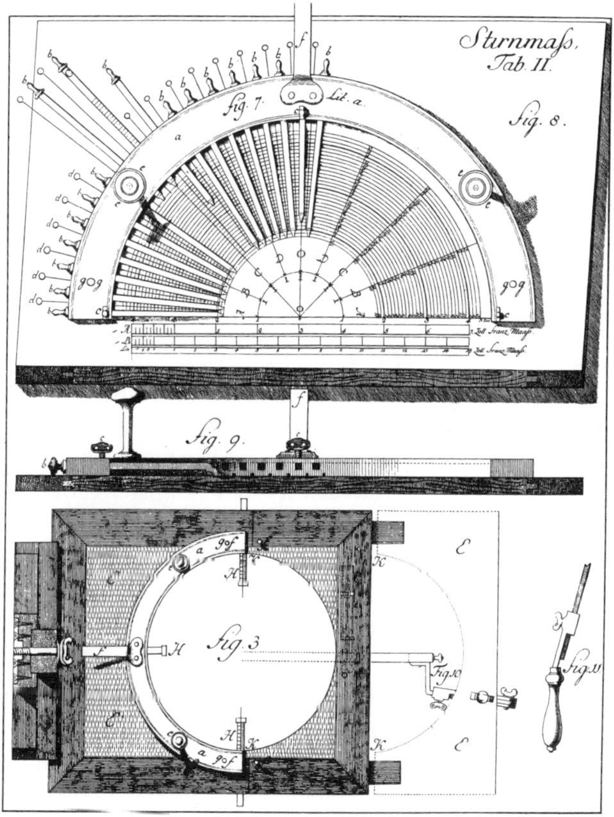

Stirnmaaß.

»Je genauer sich die Umrisse des menschlichen Kopfes bestimmen lassen, desto wissenschaftlicher und sicherer wird die Physiognomik.«

Sein Charakter muß, wenn seine Wissenschaft nicht ihm zur Quaal, und seinen Nebenmenschen nicht zum Nachtheil gereichen soll, recht gut, sanft, unschuldig, und liebreich seyn. Liebe muß ihm die Augen öffnen, muß seine Blicke schärfen, Züge der Tugend, Ausdrücke edler Gesinnungen zu sehen, und sogleich zu entdecken. Keine Passionen müssen ihn blenden; Feindschaft, Stolz, Neid, Eigennutz müssen fern von ihm seyn. Sonst wird er Fehler lesen, wo sie nicht sind, und unedle Leidenschaften nach Belieben vermuthen, und andichten. Wer eine Aehnlichkeit mit seinem Feinde hat, der wird alle die Fehler und Laster an sich haben müssen, die seine gekränkte Eigenliebe dem Feinde selbst aufbürdet; er wird alle schöne Züge übersehen; die schlechtern verstärken, und allenthalben Carricatur und Unregelmäßigkeit wahrnehmen. Er muß den Charakter jener Apostel und ersten Christen haben, die die Gabe besaßen, die Geister zu unterscheiden, und die Gedanken der Seele zu lesen.

Der Physiognomist verbindet also mit einem wohlorganisirten Körper, mit einem feinen Beobachtungsgeiste, mit einer lebhaften Einbildungskraft, und mit andern nöthigen Fertigkeiten, ein sanftes, heiteres, unschuldiges, von menschenfeindlichen Leidenschaften freyes Herz. Gewiß versteht niemand die Blicke der Großmuth und die Züge erhabener Eigenschaften, als wer selber großmüthig, edel, und erhaben denket.

HUNDERT PHYSIOGNOMISCHE REGELN

I.

Allgemeine Regeln.

Ist der erste Moment, da dir ein Mensch erscheint, und zwar im rechten Lichte, ganz vortheilhaft für ihn; verschob sein erster Eindruck nichts in dir; wurdest du durch ihn auf keine Weise gedrückt, oder geniert; fühltest du dich in seiner Gegenwart sogleich und immer froher und freyer, lebendiger und mit dir selbst, auch wenn er dir nicht schmeichelte, auch wenn er nicht mit dir sprach, zufriedner, so sey sicher – der wird bey dir, in sofern niemand zwischen Euch steht, nie verlieren, immer gewinnen. Die Natur hat Euch für einander gebildet. Ihr werdet einander mit sehr wenigem sehr vieles sagen können ... Studiere nur genau und bezeichne die sprechendsten Züge.

II

Allgemeine Regeln.

Sehr viele gewinnen, je mehr sie gekannt sind; sie gefielen nicht im ersten Momente.

Es muß ein Grund der Disharmonie zwischen dir und ihnen seyn, daß sie dir anfangs nicht ganz einleuchteten; und ein Grund der Harmonie, warum sie dir mit jedem Male mehr einleuchteten.

Suche genau den Zug, der nicht mit dir harmoniert; findest du ihn nicht in dem Munde, so fürchte dich nicht zu sehr! Findest du ihn dort, so beobachte genau, in welchen Momenten, bey welchen Veranlassungen er sich am klarsten zeigt.

III.

Allgemeine Regeln.

Wer sich am ungleichsten und gleichsten ist, das ist, so mannichfaltig und so einfach, wie möglich; so veränderlich und unveränderlich, so harmonisch, wie möglich, bey aller Lebendigkeit und Wirksamkeit, wessen bewegteste Züge den Charakter des festen Ganzen nie verlieren, sondern demselben konform sind, der sey dir heilig! Aber wo du das Gegentheil, auffallenden Widerspruch zwischen dem festen Fundamental-Charakter und den beweglichen Zügen wahrnimmst, da sey zehnfach vorsichtig auf deiner Hut – da ist – Narrheit oder Schiefsinn.

IV.

Allgemeine Regeln.

Bemerkt die blitzschnellen Momente der völligsten Ueberraschung. Wer in solchen seine Gesichtszüge günstig und edel bewahren kann; wem in solchen kein fataler Zug entwischt, kein Zug der Schadenfreude, des Neides, des kaltverachtenden Stolzes, dessen Physiognomie und dessen Charakter werden jede Probe aushalten, die man über sterbliche und sündige Menschen darf ergehen lassen.

V.

Allgemeine Regeln.

Sehr klug, oder sehr kalt, oder sehr dumm, nie aber wahrhaft weise, nie ächt-lebendig, nie fein-empfindsam, nie zärtlich sind diejenigen, deren Gesichtszüge sich nie merkbar verändern.

Sehr klug, wenn ihre Gesichtszüge wohl proportioniert – genau bestimmt, scharf prononziert sind.

Sehr dumm, wenn die Gesichtszüge flach, ohne Nüance, ohne Charakter, ohne Beugung oder Schweifung sind.

VI.

Allgemeine Regeln.

Wessen Figur schief –
Wessen Mund schief –
Wessen Gang schief –
Wessen Handschrift schief ist, das ist, nach ungleichen, sich durchkreutzenden Direktionen geht –

Dessen Denkensart, dessen Charakter, dessen Manier, zu handeln, ist schief, inkonsequent, einseitig, sophistisch, falsch, listig, launisch, widersprechend, kaltschalkhaft, hartgefühllos.

VII.

Stirn.

Wenn eine schön-gewölbte Stirn, in der Mitte zwischen den Augbraunen, besonders, wenn die Augbraunen markiert, gedrängt, regulär sind, eine leicht sichtbare, perpendikuläre, nicht gar zu lange – oder zwo parallele Falten dieser Art hat, so gehört sie sicher zu den Stirnen erster Größe. Solche Stirnen sind nur zuverläßig klugen und männlich-reifen Charaktern eigen; und wenn sie sich an Frauens-Personen finden, so wird man schwerlich was klügeres, honnetteres, königlich-stolzeres und bescheideneres finden.

VIII.
Stirn.

Jede Stirn ist schwachsinnig, die in der Mitte, und untenher, eine, auch nur kaum merkbare länglichte Höhlung hat, mithin selbstlänglicht ist – ich sage, eine kaum merkbare – sobald sie merklich ist, ändert sich alles.

IX.
Stirn.

Länglichte Stirnen, mit scharf-angezogner, Faltenloser Stirnhaut, wo auch bey seltener Freude keine lieblich-lebendige Falte sich äußert, sind kalt, hämisch, argwöhnisch, bitter, eigensinnig, überlästig, prätentios, kriechend, und können wenig vergeben.

X.
Stirn.

Stark vorgebogne, oben sehr zurückliegende Stirnen, mit bogigen Nasen, und länglichtem Untertheile des Gesichtes – schwindeln immer an der Narrheit Abgrunde.

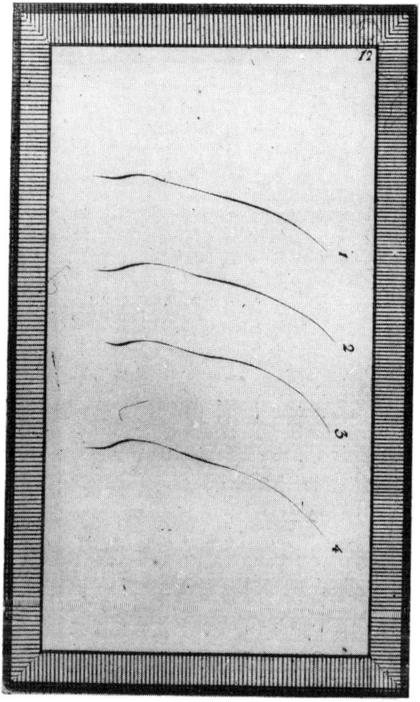

12. Stirn.
»Noch nicht sehr klug ist 4, doch etwas klüger als 3, 3 klüger als 2, 2 als 1.«

XI.
Stirn.

Jede, oben vorwärts sinkende, unten gegen das Auge eingehende Stirn, an einem ausgewachsenen Menschen, ist ein sicheres Zeichen unheilbarer Imbezilität.

XII.
Stirn.

Wie weniger Buchten, Wölbungen, Vertiefungen, wie mehr einfache Flächen, oder geradlinigt-scheinende Umrisse an einer Stirn wahrzunehmen sind, desto gemeiner, mittelmäßiger, Ideenärmer, Erfindungsunfähiger ist die Stirn.

Noch nicht sehr klug ist 4, doch etwas klüger als 3, 3 klüger als 2, 2 als 1.

XIII.
Stirn.

Es giebt schön-gewölbte Stirnen, die beynahe groß und genialisch scheinen, und dennoch beynahe närrisch, und nur halbklug sind; an dem Mangel, oder an der Wildheit und Verworrenheit der Augbraunen entdeckt man ihre Klugheits-Aefferey.

XIV.
Stirn.

Lange Stirnen, oben mit etwas sphärischen Knotten, sind gemeiniglich nicht sehr zurückgehend; haben immer einen untrennbaren, dreyfachen Charakter – genialische Blicke, mit wenig ruhig zergliederndem Verstande – Starrsinn mit Wankelmuth; Kälte mit Heftigkeit – darneben haben sie was Feines und Edles.

XV.
Stirnfalten.

Schiefe Falten in der Stirn, besonders wenn sie ungefehr parallel sind, oder scheinen, sind sicherlich ein Zeichen eines armseligen, schiefen, argwöhnischen Kopfes.

XVI.
Stirnfalten.

Parallele, reglierte, nicht gar zu tiefe Stirnfalten, oder parallel gebrochne, findet ihr selten anderswo, als bey sehr verständigen, weisen, redlichen und geradsinnigen Menschen.

XVII.
Stirnfalten.

Stirnen, deren obere Hälfte mit merklichen, besonders zirkelbogigen Falten durchfurcht, deren untere Hälfte flach und faltenlos ist, sind ganz zuverläßig dumm, und aller Abstraktionen beynahe unfähig.

XVIII.
Stirnfalten.

Stirnfalten, die bey der geringsten Bewegung der Stirnhaut in der Mitte sich tief abwärts senken, sind der Schwachheit schon sehr verdächtig.

Sind die Züge stehend, tief eingegraben, sehr tief herabsinkend, so zweifelt nicht an Geistesschwäche, oder Stüpidität, mit Kleinsinn und Geitz gepaart.

Merkt aber wohl, daß die Talentreichsten Genies eine Linie, die in der Mitte sich merklich abwärts senkt, unter drey beynahe Horizontal-Parallelen zu haben pflegen.

XIX.
Stirnfalten.

Verworrene, stark gegrabene, gegen einander streitende Falten in der Stirn – sind immer ein sicheres Zeichen eines rohen, verworrenen, und schwer zu behandelnden Charakters.

Zwischen den Augbraunen noch eine gevierte Fläche – oder eine thorförmige, faltenlose Breite, die faltenlos bleibt, wenn um sie her sich alles roh furcht – o, da ist ein sicheres Zeichen der höchsten Schwachheit und Verworrenheit.

XX.
Stirnfalten.

Roh, derb, indelikat-argwöhnisch, ehrgeitzig, bey manchen guten Eigenschaften, sind alle – in deren Stirnen sich

scharfe,
verworrene,
schiefe
Falten formen, wenn sie, seitwärts schielend, scharf-lauernd, mit verschobenem Munde horchen.

XXI.
Augen.

Augen, die sehr groß, und zugleich äußerst blauhell, beynahe durchsichtig sind, wenn sie im Profil angesehen werden, sind von leichter und großer Capazität; aber zeigen zugleich äußerst empfindliche, schwer zu behandelnde, argwöhnische, eifersüchtige, sehr leicht gegen jemand einzunehmende Charakter an; auch sind sie von Natur, wie zur Wollust, so zur Ausforschungs-Begierde sehr geneigt

XXII.
Augen.

Kleine, schwarze, hellfunkelnde Augen – unter starken, schwarzen Augbraunen – tiefliegend, bey spöttischem Lächeln; sind selten ohne Schlauheit, Tiefblick, Feinanstelligkeit; – sind sie ohne spöttischen Mund, so sind sie tiefsinnig kalt, Geschmackvoll, elegant, genau – und – mehr zum Geitz, als zur Generosität geneigt.

XXIII.

Augen.

Augen, die, im Profil anzusehen, mit dem Profil der Nase beynahe gleich laufen, ohne jedoch *(à fleur de tête)* vorzustehn, und unter den Augenliedern sich vorzudrängen – zeigen immer eine schwache Organisation, und wenn nicht entscheidende Gegenzüge sind, blöde Geisteskräfte.

XXIV.

Augen.

Augen, die keine Falten, oder sehr viele kleinliche, lange Falten werfen, wenn sie sich fröhlich oder liebend zeigen wollen, sind immer nur an kleinlichen, blöden, schwachmüthigen Charaktern, oder total Imbezilen zu sehen.

XXV.

Augen.

Augen mit langen, spitzen, besonders horizontalen Winkeln – das ist, solchen, die nicht abwärts gehen – mit dickhautigen Deckeln, welche den Augapfel halb zu bedecken scheinen, sind sanguinisch genialisch.

XXVI.

Augen.

Augen, die groß, offen, helldurchsichtig, unter parallelen, scharf gezeichneten Oberaugliedern schnell-beweglich funkeln, – haben sicherlich allemal fünf Eigenschaften –

Schnellen Scharfblick,
Eleganz und Geschmack,
Zornmüthigkeit,
Stolz, und
Furiose Weiberliebe.

XXVII.
Augen.

Augen mit schwachen, schmalen, kahlen Augbraunen, und sehr langen, hohlen Wimpern, zeigen – theils schwächliche Leibs-Disposition, theils phlegmatisch-melancholische Geistesschwäche.

XXVIII.
Augen.

Ruhend-kräftige, schnell-treffende, sanft-durchdringende, wolkigt-serene, schmachtende, schmelzende, langsam sich bewegende Augen; Augen, die hören, indem sie sehen, geniessen, schlürfen, ihren Gegenstand gleichsam mit sich selbst tingieren und kolorieren, ein Medium des wollüstigsten und geistigsten Genusses sind – sind nie sehr rund, nie ganz offen, nie tiefliegend, oder weit hervorstehend, nie stumpfwinklicht, oder abwärts spitzwinklicht.

XXIX.
Augen.

Tiefliegende, kleine, scharf-gezeichnete, glanzlose, blaue Augen unter einer beinernen, beynahe perpendikularen Stirn, die unten sich etwas tief einsenkt, obenher merklich vorwärts rundet – sind zwar nur an scharfsinnigen und klugen, doch meistentheils stolzen, argwöhnischen, harten und kaltherzigen Charaktern wahrzunehmen.

XXX.
Augen.

Wie mehr das obere Augenlied, die Haut unten über dem Augapfel, vorstehend und abgeschnitten scheint, den Augstern beschattet, oben sich unter den Augknochen zurückschiebt; desto mehr Geist, Feinsinn, Verliebsamkeit, genialischer Geschmack; treusinnige, beherzte, zuverläßige Delikatesse.

XXXI.
Augen.

Augen, die in dem Momente – da sie sich mit dem heiligsten Gegenstande der Adoration beschäftigen, nicht venerabel sind, nicht Ernst und Ehrfurcht einflößen, wenn sie unbemerkt bemerkt werden – werden nie Ansprüche weder auf Schönheit, noch Empfindsamkeit, noch Geistigkeit machen können. Traut ihnen nie! Sie können nicht lieben, nicht geliebet werden – Kein Gesichtszug voll Wahrheit und Kraft kann neben ihnen statt haben.

Und welches sind solche Augen? Unter andern – alle sehr weit hervorrollende, bey schiefen Lippen – alle tiefliegenden Kleinen, unter hohen, perpendikulären, hartknöchernen Stirnen – mit Schädeln, die von der Scheitel bis zum Haarwuchs steil abgehen.

XXXII.
Augen.

Augen, die den ganzen Stern, und über und unter dem Stern noch weißes zeigen – sind entweder in einem gespannten, unnatürlichen Zustande; oder finden sich nur an unruhigen, leidenschaftlichen, halbnärrischen, nie an ganz korrekten, reifen, gesundgeistigen, ganz zuverläßigen Menschen.

XXXIII.
Augen.

Gewisse, weit offene, vorrollende Augen bey faden Gesichtern sind eigensinnig ohne Standhaftigkeit, dumm mit Prätension von Weisheit, kalt, und wollen gern warm scheinen, und sind höchstens hitzig, ohne einwohnende Wärme.

XXXIV.

Augenbraun.

Eine nette, dichte, dachförmige, schattende Augbraun, an welcher keine wilde Auswüchse vorstehen, ist immer ein zuverläßiges Zeichen eines gesunden, männlich-reifen Verstandes; selten von originellem Genie; nie von volatiler, duftiger, amoroser Innigkeit und Geistigkeit.... Staatscabinets-Männer, Rathgeber, Planmacher, Prüfer, aber sehr selten kühne, fliegsame Wagegeister der ersten Größe.

XXXV.

Augenbraun.

Horizontale Augenbraunen, dicht, reich, nett – zeigen immer Verstand, Kälte des Herzens, planreichen Sinn. Wilde Augenbraunen sind nie an einem sanften, horchsamen, schmiegsamen Charakter.

Hoch über den Augen schwebende, kurze, dichte, unterbrochene, nicht lange, nicht breite – sind meistentheils bey Gedächtnißreichen, schlauen, schmiegsamen, frömmelnden Charaktern.

XXXVI.

Augenbraun.

Dichte, schwarze, starke, abwärtssinkende Augbraunen, die auf den Augen hart anzuliegen scheinen, tiefe, große Augen beschatten, und von einer scharf eingeschnittenen, ununterbrochenen, langen Wangenfalte, die bey der leisesten Bewegung Verachtung, Trotz, kalten Hohn zeigt, begleitet sind, und über sich eine sichtbar knöcherne Stirn haben – sind nur als Rathgeber – wenn man sich rächen, oder sich die Wolfslust des Wehethuns machen will, zu brauchen; sonst so ausweichend, wie möglich; und das Ausweichen so verbergend, wie möglich, zu behandeln.

XXXVII.

Nase.

Eine physiognomisch-gute Nase wiegt unaussprechlich viel in der Waage der Physiognomik – Sie kann durch nichts, was es sey, überwogen werden. Sie ist die Summe der Stirn, und die Wurzel des Untertheils des Gesichts. – Ohne zarte Beugungen, kleine Brüche, oder merkbare Schweifungen, giebt es keine physiognomisch-gute oder geistig-große Nase.

Ohne kleine Einsenkung, oder Vertiefung bey'm Uebergang der Stirn zur Nase – es sey dann, daß die Nase stark gebogen sey – denkt an keine physiognomische Größe der Nase.

XXXVIII.

Nase.

Sehr abwärts sinkende Nasen sind nie wahrhaft gut, wahrhaft froh, oder edel, oder groß. Immer sinnen sie Erdwärts, sind verschlossen, kalt, unherzlich, unmittheilsam, oft boshaft-witzig, übellaunig, oder tief hypochondrisch, oder melancholisch; obenher gebogen, furchtbar, wollüstig.

XXXIX.
Nase.

Nasen, die vornen etwas aufwärts gehen, und bey der Wurzel merklich vertieft sind, unter einer mehr perpendikulären, als zurücksinkenden Stirn – sind von Natur geneigt zur Wollust, Bequemlichkeit, Eifersucht, Eigensinn, dabey aber können sie feinsinnig, redlich, Gaabenreich, gutmüthig seyn.

XL.
Nase.

Nasen ohn' allen auffallenden Charakter, ohne Nüance, ohne Beugung, ohne Undulation, ohne einige angebliche Bezeichnung – können zwar bey vernünftigen, guten, allenfalls auch edeln Charaktern gefunden werden, nie bey großen und vorzüglichen.

XLI.
Nase.

Nasen, an beyden Seiten mit vielen Einschnitten, die bey der geringsten Bewegung sichtbarer werden, und bey der völligsten Ruhe nicht ganz unsichtbar sind – sind ein Zeichen eines schwerfälligen, drückenden, oft hypochondrischen, oft boshaft-schalkhaften Sinnes.

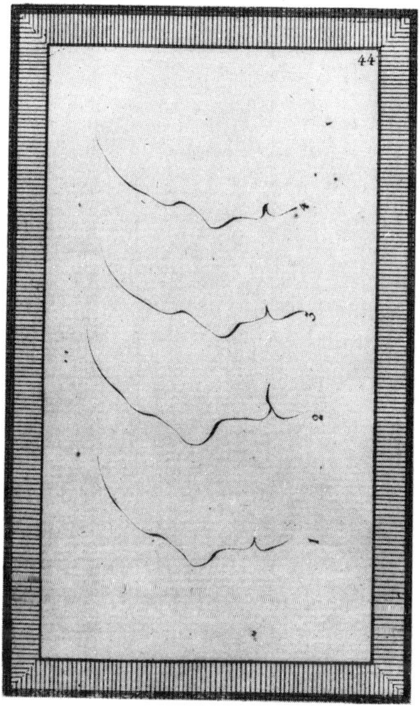

44. Nase.
»Hundert aufgestülpte Nasen sind an sehr klugen, besonders talentreichen Köpfen –«

XLII.
Nase.

Nasen, die sich leicht und alle Augenblicke rümpfen, sind so wenig an ächt-guten Menschen – als Nasen, die sich kaum rümpfen könnten, wenn sie auch wollten, an erzbösen Menschen zu finden seyn werden.

Wenn die Nasen, die sich nicht nur leicht rümpfen, sondern schon eingegrabne Rümpfe haben, an guten Menschen gefunden werden – so sind diese gutgesinnten Menschen Halbnarren.

XLIII.
Nase.

Aufgeworfne Nasen an rohen, cholerischen Menschen, unter hohen, dennoch unten vorgebognen, verständigen Stirnen, bey vorhängender Unterlippe – sind gemeiniglich unerträglich hart, und furchtbar despotisch.

XLIV.
Nase.

Hundert aufgestülpte Nasen sind an sehr klugen, besonders talentreichen Köpfen – sobald aber die Nase sehr klein ist, und eine (uneigentliche) Oberlippe hat, oder sie einen gewissen Grad der Stumpfheit überschreitet, so kann kein andrer Zug des Gesichts sie rektifizieren.

XLV.

Wangenzug.

Der Zug vom Naseläppchen gegen das Ende des Mundes ist einer der bedeutsamsten.

Von seiner Schweifung, seiner Länge, seiner Nähe oder Entfernung vom Munde hängt die Sichtbarkeit des ganzen Charakters ab.

Ist er bogenförmig, ohne Nüance und Undulation, so ist es ein sicheres Zeichen von Dummheit.

So auch, wenn sein Aeußerstes, ohne Zwischenraum, an's Ende der Lippe gränzt.

So auch, wenn er sich vom Ende der Lippe weit entfernt.

XLVI.

Wangenzug.

Wenn bey'm Lächeln sich drey parallele, zirkelförmige Bogen bilden, so sind Fonds von Narrheit in dem Charakter eines Menschen.

XLVII.

Mund.

Jeder Mund, der völlig einmal so breit ist, als das Auge, ist der Mund eines Dummkopfs – das heißt, von der Spitze gegen die Nase, bis an's innere End' des Augapfels; beyde Breiten nach demselben flachen Maaße gemessen.

XLVIII.
Mund.

Wenn die Unterlippe mit den Zähnen die Hälfte der Mundbreite im Profil horizontal vorsteht, so rechnet, je nach den übrigen Nüancen, auf eins von allen vieren, oder auf alle vier –

Dummheit, Rohheit, Schalkheit, Geitz.

XLIX.
Mund.

Nimm nie nichts an, wider einen Menschen, der schweigend und sprechend, horchend und fragend, antwortend und erzählend, lachend und weinend, trauernd und fröhlich – einen, entweder gratiosen, oder doch arglosen Mund hat, der immer in schöner Proportion bleibt, und nie einen fatalen Schalkszahn sehen läßt – Wer aber mit den Lippen, besonders der einen Hälfte der Oberlippe zittert, und dies Zittern zu verbergen sucht, dessen Spott kann dir zwar lehrreich, aber er wird tief-verwundend für dich seyn.

L.
Mund.

Alle Disproportion zwischen Ober- und Unterlippe ist ein Zeichen der Narrheit oder Bosheit.

Die weisesten und beßten Menschen haben proportionierte Ober- und Unterlippen.

Gar große, auch proportionierte Lippen, zeigen immer

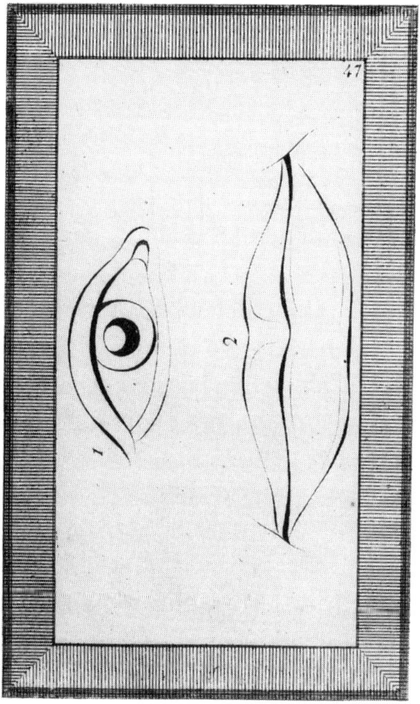

47. Mund.
»Jeder Mund, der völlig einmal so breit ist, als das Auge, ist der Mund eines Dummkopfs –«

einen krassen, sinnlichen, indelikaten – auch wohl dummen oder boshaften Menschen.

LI.
Mund.

Wer Verachtung auf den Lippen hat, der hat keine Liebe im Herzen.

Wessen Lippen Ende sich merklich und geschweift abwärts senken, der hat Verachtung auf den Lippen, und Lieblosigkeit im Herzen – besonders, wenn die Unterlippe größer und vorhängender ist, als die obere.

LII.
Lippen.

Wie die Höhle in der Mitte der Unterlippe, bey einem sonst nicht geistlosen Menschen; so die Laune, so die witzreiche Schalkheit, so die Kälte des Herzens, so die lauernde Arglistigkeit.

LIII.
Mund.

Wenn bey einem sonst geistreichen und kraftvollen Menschen unfern vom Mittelpunkt der Mittellinie des Mundes eine Oeffnung ist, die sich kaum oder gar nicht schließt, und den Zahn sehen läßt, auch wenn der Mund beschlossen ist – so ist dies ein Zeichen kalter, unbarmherziger Strenge, hohnlachender Bosheit, die sich wohlthut durch Wehethun.

LIV.

Mund.

Scharf-gezeichnete, lippenlose, sich an den Enden aufwärts ziehende Mittellinie des Mundes, unter einer im Profil anzusehenden, bogigen (uneigentlichen) Oberlippe, von der Nase an gerechnet, sind selten anders, als bey schlauen, aktifen, industriosen, kalten, harten, schmeichelnden, und terrassierenden – Geitzhälsen.

LV.

Mund.

Der ist sicherlich böse, der lacht, oder das Lachen zu verbergen strebt, wenn von Leiden eines Armen, oder den Fehlern eines Guten die Rede ist.

Solche haben gemeiniglich wenig Ober- oder Unterlippe, eine scharf-geschnittene Mittellinie des Mundes, die an beyden Enden sich unangenehm aufwärts ziehet, und furchtbare Zähne.

LVI.

Mund.

Ein kleiner, schmaler Mund, unter einem kleinlichen Nasloch, und einer zirkelbogigen Stirn, ist immer leicht erschreckbar, furchtsam-blöde, schwach-eitel und unberedt – Kommen große, hervorstehende, unhelle Augen dazu, und ein ablanges, beinernes Kinn, so dürft ihr – besonders bey offnem Munde – des Blödsinns noch sicherer seyn. Doch, ist's nur beynahe so, so sind die Charakter häuslich, brauchbar und fromm.

LVII.
Kinn.

Wenn das Kinn dezidiert-klug ist, so hast du sicherlich einen ganz klugen.

Das Kinn ist dezidiert-klug, das in der Mitte etwas eingebogen oder gebrochen ist; dessen unterer Theil etwas vorsteht, und das mit verschiedenen Nüancen, Einkerbungen, Zügen markiert, und unten in der Mitte etwas vertieft ist.

Ein langes, breites, grobes Kinn – ich rede vom beinernen Kinne – ist nur an rohen, harten, stolzen und gewaltthätigen Menschen.

LVIII.
Stirn und Mund.

Sieh auf die Stirn mehr, als auf alles andere, wenn du das wissen willst, was der Mensch von Natur ist, oder nach seiner Natur werden kann – und auf seinen ruhenden, beschlossnen Mund, wenn du wissen willst, was er worden ist. – Der offne Mund zeigt den gegenwärtigen Moment der Habitualität. Ein ruhig, unangespannt, zwanglos beschlossener Mund, mit proportionierten Lippen, unter einer charakteristischen, zurückgehenden, zarten, sanften und beweglich-hautigen, schön-linierten, nicht scharf gefurchten Stirn, sey dir ein Heiligthum.

LIX.

Dummheit.

Jedes Gesicht ist dumm, dessen Mund im Profile so breit ist, daß die Entfernung des Auges, vom obern Auglied an gerechnet, bis zur äußersten Spitze des Mundes, diese Breite nur zweymal hat.

LX.

Dummheit.

Jedes Gesicht ist dumm, dessen Untertheil, von der Nase an gerechnet, sich durch die Mittellinie des Mundes in zwey gleiche Theile theilet.

LXI.

Dummheit.

Jedes Gesicht ist dumm, dessen Untertheil, von dem Ende der Nase an gerechnet, weniger, als den dritten Theil des Gesichts ausmacht; ist's nicht dumm, so ist's närrisch.

LXII.

Dummheit.

Jedes Gesicht ist dumm, dessen fester Untertheil beträchtlich mehr, als einen der zwey obern Theile ausmacht.

LXIII.

Dummheit.

Wie stumpfer der Winkel ist, den das Profil des Auges mit dem Mund, im Profile betrachtet, formiert, desto schwächer und dümmer ist der Mensch.

LXIV.

Dummheit.

Jedes Gesicht ist von Natur dumm, dessen Stirne, mit einem weich-anliegenden Maaße gemessen, beträchtlich kürzer ist, als die Nase, von dem Ende der Stirne auf dieselbe Weise gemessen, wenn auch das perpendikuläre Maaß dieselbe Länge hätte.

LXV.

Dummheit.

Jedes Gesicht ist dumm, was vom Augwinkel an, bis mitten an den Nasenflügel, kürzer ist, als von dort zur Mundspitze.

LXVI.

Dummheit.

Jedes Gesicht ist dumm, dessen Augen merklich weiter, als eine Augenbreite, von einander abstehen.

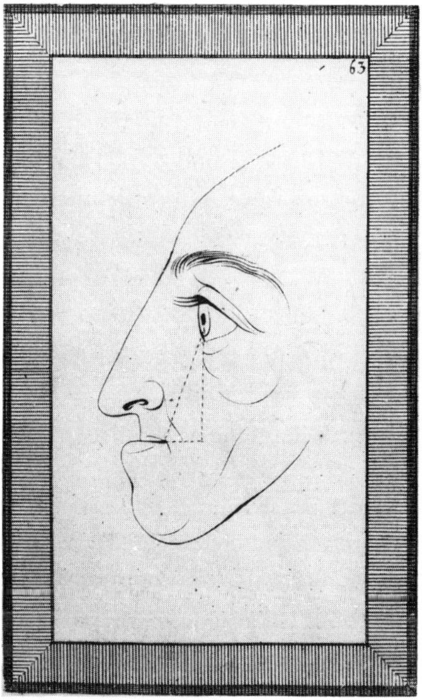

63. Dummheit.
»Wie stumpfer der Winkel ist, den das Profil
des Auges mit dem Mund, im Profile betrachtet,
formiert, desto schwächer und dümmer
ist der Mensch.«

LXVII.

Narr.

Wer mit schiefer Lippe zwecklos lächelt; wer oft isoliert ohne bestimmte Tendenz und Direktion steht; wer mit aufrechtem Körper, wenn er grüßt, nur den Kopf vorwärts nickend bewegt – ist ein Narr.

LXVIII.

Vielseitige Charakter.

Kurze, perpendikuläre, oben knottige, stark und verworren gefurchte, zwischen den Augbraunen flache Stirnen; große, helle, vorstehende, blaugraue Augen; kleine Nase; lange (uneigentliche) Oberlippe; blasse Farbe; ruhelose Lippen, fand' ich an verständigen, Gedächtnißreichen, aktifen, intriganten, vielseitigen bald gutherzigen, bald derbstrengen, bald sehr hell-, bald äußerst schief-sehenden Menschen.

LXIX.

Sophisten, Schälke.

Kleine, matte, schlecht gezeichnete Augen, mit lauerndem Blicke; eine bleyfarbige Gesichtshaut; flache, kurze, schwarze Haare; eine aufgeworfene Nase; eine mächtig vorstehende, aufwärtsstehende Unterlippe – unter einer wohlgebauten, verstandreichen Stirn – werdet ihr selten anderswo finden, als an erz-schiefen, infamen Sophisten, bösen Erzzänkern; listig-schalkhaften, kabbalisierenden,

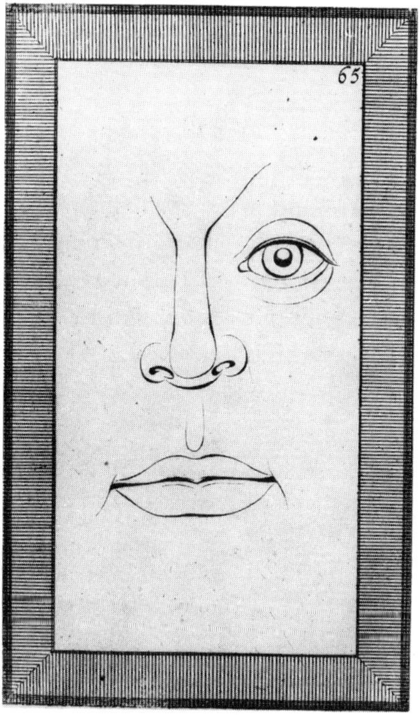

65. Dummheit.
»Jedes Gesicht ist dumm, was vom Augwinkel an,
bis mitten an den Nasenflügel, kürzer ist,
als von dort zur Mundspitze.«

argwöhnischen, eigennützig-niedrigen, abominabeln Menschen.

LXX.

Eigensinn.

Je höher die Stirn, und je klein-scheinender dagegen der übrige Theil des Gesichts – je knottiger die hohle Stirn, je tiefer das Auge, je weniger Vertiefung zwischen Stirn und Nase, je beschlossner der Mund, je breiter das Kinn – je perpendikulärer das längliche Gesichts-Profil – desto unbiegsamer der Eigensinn, desto härter der Charakter.

LXXI.

Weiber.

Nicht der tausende Theil von dem, was beobachtet wird, darf dem Papiere vertraut werden. – Eitelkeit oder Stolz ist der allgemeine Charakter aller Weiber. – Man darf nur Eins von beyden beleidigen, um Züge zu sehen, die uns auf den Abgrund ihres Charakters blicken lassen. Diese Züge zeigen sich seltener in der Stirn, als in den Nasenflügeln, dem Naserümpfen, Wangenfalten und den Lippen, besonders im Lächeln.

LXXII.

Weiber.

Kein schnippisches Weib taugt zur Freundschaft – und – schnippisches Wesen kann kein Weib, wie klug oder listig sie sey, verbergen. Betrachte nur die Bewegung ihres Nasenflügels und ihrer Oberlippe im Profil, wenn von einer

Rivalin, oder Nichtrivalin – die Sensation macht – die Rede ist.

LXXIII.
Weiber.

Weiber mit braunen, behaarten, oder borstigen Warzen am Kinn, besonders am Untertheile des Kinnes, oder am Halse – sind zwar gemeiniglich wacker, thätig, gute Hausmütter, aber äußerst sanguinisch, und bis zur Narrheit, ja zur Tollheit verliebt. Sie schwatzen viel, und schwatzen gern nur von Einem. Sie dringen sich leicht auf, und sind sehr schwer wieder wegzubringen. – Man muß sie sehr schonend und ruhig-freundlich behandeln, und sie, mit sanft-kalter Würde, immer drey Schritte vom Leib' entfernt zu halten suchen.

LXXIV.
Weiber.

Ist der Gang eines Weibes fatal, entschieden fatal, nicht nur unangenehm, sondern impetuos, schief, ohne Würde, verächtelnd, seitwärts vordringend – so reitze dich weder eine Schönheit an ihr, noch täusche dich ihr Verstand, noch locke dich ihr Vertrauen. – Ihr Mund wird seyn, wie ihr Gang, und ihr Betragen hart und falsch, wie ihr Mund. Sie wird dir für alles, was du ihr thust, nicht danken, und für das Geringste, was du unterlässest, sich fürchterlich rächen. – Vergleicht Gang und Stirnlinien, Gang und Falten um den Mund; ihr werdet über der Harmonie zwischen beyden erstaunen.

LXXV.

Weiber.

Weiber mit rollenden Augen, zart-beweglicher, faltenreicher, schlaffer, beynahe hängender Haut, gebogner Nase, röthlichen Wangen, selten stillem Munde, merklichem Unterkinne, wohlgerundeter, faltiger, zarthautiger Stirn – sind nicht nur beredt, Imaginationsreich, ehrgeitzig, Gedächtniß-Heldinnen – sondern auch von Natur zur Galanterie äußerst geneigt, und vergessen sich bey aller Klugheit sehr leicht.

LXXVI.

Weiber.

Ein Weib mit einer tief-hohlen Nase-Wurzel, und einem vollen Busen, und einem etwas vorstehenden Hundszahn – wird, aller ihrer Häßlichkeit und Unliebbarkeit ungeachtet, den ganzen Pöbel niedriger Wollüstlinge gewisser, leichter, und unwiderstehlicher verführen, als eine wahrhafte Schönheit. – Die schlimmsten Huren, die man vor den Consistorien sieht, sind immer dieses Charakters. Fliehe sie, wie eine Pest, und verbinde dich nie mit einer solchen – auch zum ehelichen Leben nicht – auch wenn sie im beßten Rufe steht.

LXXVII.

Warzen.

Eine breite, braune Warze (Schanzlaus) am Kinne, werdet ihr nie an wahrhaft weisen, ruhig-edeln Menschen –

aber sehr oft an merklich Imbezilen finden. – Wenn ihr sie auch an einem Weisen findet, so wird der gewiß häufige Momente der völligsten Gedankenlosigkeit, Geistes-Absenz, und einer unglaublichen Schwäche haben.

LXXVIII.

Warzen.

Es giebt an sehr verständigen, angenehmen Menschen, Warzen an der Stirn, die nicht braun, nicht sehr groß sind, zwischen den Augbraunen, die nichts widriges, nichts fatales zeigen – Aber, eine starke, braune Warze an der Oberlippe, besonders, wenn sie beborstet ist, werdet ihr an keinem Menschen finden, dem nicht irgend etwas Wesentliches zur Ganzheit mangelt, der sich nicht wenigstens durch einen Capital-Fehler auszeichnet.

LXXIX.

Taugenichts.

Aufgedunsene, welke Backen; großes, schwammiges Maul; mittlere, eher kleine Figur; Sommerflecken im Gesichte; flaches, unlocksames Haar; widersprechende, gebrochene Falten in der Stirnhaut; schnell gegen die Stirn sich senkender Schädel; Augen, die nie natürlich ruhig auf einen Fleck hinschauen, und abwärts gewinkelt sind – sind zusammen das Rezept zu einem Taugenichts.

LXXX.
Vorsicht.

Sey vorsichtig gegen jede Leisesprecher und Scharfschreiber; gegen Wenigsprecher und Vielschreiber; gegen jeden Wenigsprecher und Viellächler, dessen Viellächeln nicht rein von Hohn und Verachtung ist. – Kurze Stirnen, stumpfe Nasen, sehr kleine Lippen, oder dann vorstehende Unterlippen – und große Augen, die dich nie direkt anschauen dürfen – und besonders breite, rohe Kinnladen; ein aufstehendes, unten fest-fettes Kinn, zeichnen sie aus.

LXXXI.
Heucheley, Wankelmuth.

Schwäche und Eitelkeit – ist Mutter der Heucheley. Wo du entscheidende Züge von beyden, bey äußerlicher Artigkeit und vorkommendem Wesen findest; unmarkierte, flache Züge, mit einiger Grazie in der Bewegung, mit Kälte bey Heftigkeit – da erwarte, wo nicht Heucheley, doch Wankelmuth, der nah' an Heucheley gränzt.

LXXXII.
Lächeln.

Wer bey'm Lächeln gewinnt, und bei'm Lachen verliert; – wer, ohne Lächeln, huldreich zu lächeln scheint, und schweigend friedliches Betragen um sich her verbreitet – wer auch im witzreichsten und witzfrohsten Lächeln oder Lachen nie kaltverachtenden Hohn verräth; wer lieblich lächelt, wo er Freude der Unschuld bemerkt, und Lob des größern Verdienstes vernimmt – in dessen Physiognomie und in dessen Charakter wird alles edel, alles harmonisch seyn.

LXXXIII.
Zum Fliehen.

Halte möglichst an dich, in der Gegenwart eines fetten Cholerikers, der immer kaut, immer mit vorrollenden Augen herumschaut, nie gelassen spricht, sich die Ziererey gratioser Höflichkeit angewöhnt hat, und alles mit Unreinlichkeit und Unordnung behandelt. – In seiner runden, kurzen, aufgestülpten Nase, in seinem offnen Munde, in seiner hin und her sich werfenden Unterlippe, in seiner vorhängenden protuberanzreichen Stirn, und in seinem weither hörbaren Fußtritt ist Verachtung und Härte; Halbheit mit Prätension von Ganzheit, Bosheit mit Aushängung von Bonhomie.

LXXXIV.
Zum Fliehen.

Fliehe jeden, der gespannt, aufgezogen, hellsprechend, unhörend dezidiert; dessen Augen im Dezidieren größer, vordringender; dessen Augbraunen borstiger, dessen Adern schwellender, dessen Unterlippe ausrückender, dessen Hals aufgeschwollner, dessen Hände Fäuste werden – und der sogleich herabsitzt, höflich-kühl wird; dessen Augen und Lippen zurück treten, wenn er durch die unerwartete Gegenwart eines Größern, der dein Freund ist, unterbrochen wird.

LXXXV.

Zweydeutige Charakter.

Wer schnell seine Gesichtszüge und seine Gesichtsfarbe ändert, und sehr sorgfältig ist, diese schnellen Abwechslungen zu verbergen, und plötzlich eine gelassene Miene annehmen kann; wer besonders seinen Mund leicht an- oder abzuspannen weiß, ihn gleichsam im Zaume halten kann, und besonders, wenn das Auge des Beobachters sich regt zur Wendung gegen ihn – der ist minder redlich, als klug; mehr Weltmann, als Philosoph; mehr Politiker, als Ruhigweiser; mehr guter Gesellschafter, als treuer Freund.

LXXXVI.

Denker.

Es giebt keinen ächten Denker, dem man es nicht zwischen den Augbraunen, und im Uebergang der Stirn zur Nase ansieht. Fehlt es da an Buchten oder Tiefe, Feinheit oder Energie – so wirst du im ganzen Gesichte, und im ganzen Menschen, und in allen Handlungen und Geistes-Operationen, den Denker umsonst suchen – das ist, den Mann mit dem tiefen Bedürfnisse nach wahren, klaren, bestimmten, konsequenten und zusammenhängenden Begriffen.

LXXXVII.

Wollüstling.

Ein lang hervorstehendes, nadelartiges, oder stark krauses, wildes, rohes, auf einem braunen Flecken gewurzeltes Haar am Kinn oder Halse, spricht sehr entscheidend für großmächtige Voluptuosität, die selten ohne großmächtigen Leichtsinn ist.

LXXXVIII.

Harte Charakter.

Einige Ingredienzien –

a) Perpendikuläre, knottenreiche Stirnen, sehr hoch, oder sehr kurz.
b) Sehr spitze, kleine, kurze, oder roh-runde Nasen, mit weiten Naslöchern.
c) Scharf-eingeschnittne, lange, ununterbrochne Wangen, oder Nasenzüge.
d) Untere Zähne, merklich vorstehend, unter obern langen, oder sehr kurzen.

LXXXIX.

Zum Fliehen.

Wer, ohne zu schielen, zugleich auf zwo Seiten zu schauen sich gewöhnt hat, kleine, helle Aeuglein nach ungleichen Direktionen gucken läßt, und obendrein allenfalls noch schwarze Zähne, und bey einer hohen oder kleinen Statur einen gebognen Rücken hat, und mitunter schief hohnlächelt – den fliehe, alles seines Scharfsinns,

Vielwissens und Witzes ungeachtet, als einen falschen, ehrlosen, unverschämten, arglistigen, eigennützigen und niedrigen Menschen.

XC.

Zum Fliehen.

Fliehe große Augen in kleinen Gesichtern, bey kleinen Näschen, kleinen Figürchen, welche mitten im Lachen dich fühlen lassen, daß sie nicht froh sind – und mitten in der Freudenbezeugung über deine Nähe, ein schalkhaftes Lächeln nicht verbergen können.

XCI.

Zum Fliehen.

Große, massive Körper, mit kleinen Augen, runden Wangen, vollen, niederhängenden Backen, wurstigen Lippen, sackähnlichem Kinne; die immer mit ihrer eigenen Körperlichkeit beschäftiget sind, immer räuspern, spucken, Taback nehmen, kauen, schneutzen; auch wohl gar alles, wovon sie sich entladen, dem freyen Boden anvertrauen – sind im Grund eitele, fade, kraftlose, ehrsüchtige, lenksame, vielwissende, unsichere, leichtsinnige, wollüstige, schwer-zubehandelnde, vielgierige, wenig-geniessende Charakter – und wer wenig genießt, der giebt wenig.

XCII.
Zum Fliehen.

Wer schleicht, sich vorwärts neiget, zurück geht im Entgegen-kommen, leise-schüchtern Grobheiten sagt, dich scharf fixiert, sobald du dich wendest, und dir nie gelassen in's Gesicht sehen darf; der von keinem Menschen Gutes spricht, als von Bösen; wider jeden Beruf Exceptionen, wider jede Behauptung Widersprüche in Bereitschaft hat – o, könntest du seinen Schädel befühlen – welche versteckte Mißform! Welche irreguläre Knotten! Welche pergamentne Weichheit und eiserne Härte zugleich! Fliehe! Du verlierst in seiner Atmosphäre, auch wenn du zu gewinnen scheinst. – Betrachte, sag' ich auch hier wieder, die Falten seiner Stirn – wenn er einen geraden, unschuldigen, religiosen Mann ekrassiert, und einem harten Schalk das Wort redet. Die Verworrenheit derselben wird dir das Verworrene des Charakters klarer als klar zeigen.

XCIII.
Zum Fliehen.

Wie klug, wie gelehrt, wie scharfsinnig, wie gewandt, wie brauchbar und nützlich immer ein Mensch sey, wenn er sich immer mißt, oder zu messen scheint; wenn er Gravität affektiert, um den Mangel innerer lebendiger Kraft zu bedecken; wenn er gemessenen Schrittes, seines *Ich* keinen Augenblick vergessend, *sich* im Kopfe, *sich* im Halse, *sich* im Schulterblatt tragend einher geht; und dennoch im Grunde leichten Sinnes und schalkhaften Humors ist, und, sobald er allein ist, alle Würde, Gravität und Selbstaushängung, sein *Ich* aber nie vergißt – er werde nie dein Freund.

XCIV.

Warnung.

Wenn ein rascher, roher Mensch bey dir allein sanft, gelassen, höflich ist, und immer zu lächeln oder Lächeln zu machen sucht, so wende dich – »mir nichts, dir nichts« – und schnell kehre dich zurück, ehe er seine Falten dir wieder gefällig machen kann; *die* Falte in der Stirn, *die* in den Wangen, die seiner künstlichen Bemühung unmittelbar vorgeht, und die sich in diesem Momente fast immer stark zeigt, ist die wahre; – diese beyden zeichne dir – und sie heissen warnend in deinem Alphabete der Physiognomik.

XCV.

Was nicht zusammen taugt.

Hast du eine lange, hohe Stirn, so mache nie Freundschaft mit einem beynahe kugelrunden Kopf. Hast du einen beynahe kugelrunden Kopf, so mache keine Freundschaft mit einer hohen, langen, beinernen Stirne. – Besonders taugen solche durchaus nicht zu Ehepaaren.

XCVI.

Zum Fliehen.

Verbinde dich mit keinem Menschen, der auch nur einen noch so kleinen, dir fatalen Zug im Gesichte hat, der sich mit jeder Bewegung regt, und selten ganz verschwindet;

besonders, wenn dieser Zug sich im Munde und in den Falten um den Mund her zeigt. Du wirst sicherlich immer anprellen, es mag auch sonst noch so viel Gutes im Charakter seyn.

XCVII.

Zum Fliehen.

Fliehe den auffallend Schiefblickenden, Schiefmauligen; mit breit-hervordringendem Kinne – am meisten, wenn er dir mit unterdrücktem Hohne Höflichkeiten sagt – bemerke die unverbergbaren Falten auf den Backen. Er wird dir wenig vertrauen, aber viel Vertrauen von dir erst zu erschmeicheln, dann zu ertrutzen suchen.

XCVIII.

Männliche Charakter.

Beynahe furchenlose, nicht perpendikuläre, nicht sehr zurückgehende, nicht sehr flache, nicht kugel- sondern schaalenförmige Stirne; dichte, nette, reiche, die Stirn auffallend begränzende Augbräunen, über mehr als halb-offnen, jedoch nicht ganz-offnen Augen; eine mäßige Vertiefung zwischen Stirn und einer etwas verbognen, breitrückigen Nase; merklich geschweifte, nicht offne, nicht scharf-beschlossne, nicht sehr kleine, nicht große, nicht disproportionierte Lippen; ein, weder sehr vorstehendes, noch sehr zurückgehendes Kinn – sind zusammen entscheidend für reifen Verstand, männlichen Charakter, klug-thätige Festigkeit.

XCIX.
Zum Fliehen.

Wer den großen, oder, merklich-kleinen Kopf zurückstrebend empor hebt; wer die kurzen Füße, Aufmerksamkeit erregend, spiegelt; wer die großen Augen, größer machend, geflissentlich seitwärts drehet, als müßte er alles über die Achsel ansehen; wer lange stolz-schweigend horcht, und dann trocken, kurz, und absprechend antwortet, und mit kalter Lache endigt; so bald du zur Replike die Lippe regst, supercilios und Stillschweigen-gebietend dich anbrummt – der hat von drey lieblichen Qualitäten nur eine minder, als vier – *Eigensinn, Stolz, Härte,* mit allen ihren Symptomen – und obendrein höchst wahrscheinlich noch Lügenhaftigkeit, Schalkheit und Geitz.

C.
Zum Fliehen.

Fliehe jedes prägnante, charakterreiche, großaugige, volle, scharf-durchfurchte, scharf-belippte, gelb-braune, blau-geäderte, knöcherne Gesicht, das sich dir mit unterthäniger Schmeicheley nähert – es wird ein Ahitophel, ein Judas, ein Satan an dir werden, wenn du es mit schlichtem Geradsinn und derber Ehrlichkeit behandelst. Es wird lügen und wüthen wider dich, und dein bloßer Name wird ihm Augen und Adern aufschwellen. – Schmeicheley in harten, und Härte in weichen Gesichtern sind gleich furchtbar.

Beschluß.

Brauche, mißbrauch' es nicht, behalt' es für dich
und die Wahrheit,
Die die Natur dich lehrt, und ein Freund der Natur
sey dir heilig;
Gieb das Heilige nicht den Hunden! – Dem Schweine
nicht – Perlen!
Rein ist alles dem Reinen, und Wahrheit ist Eins mit
der Freyheit!

Karl Riha und Carsten Zelle

Nachwort

I.

Daß die Berechnung des Gegenübers ein immerwährender Wunsch der Menschheit ist, mag die Mythe von Momos andeuten, der den von Hephaistos hervorgebrachten Menschen lieber mit einer Tür in der Brust gesehen hätte, um ihn bis aufs Herz durchschauen zu können. Lukian von Samosata hat uns in seinem Dialog *Hermotimos* (c. 20) diese Version überliefert: »[...] aber den Vulkan tadelte er [Momus], daß er an der Brust seines Menschen keine Fenster angebracht habe, durch welche man in den Sitz seiner Gedanken und Gesinnungen hineinsehen, und sich also immer überzeugen könnte, ob das was er sage, Verstellung oder seine wahre Meynung sey.« (Übers. Wieland)

Das Herz aus Glas ist zum Topos in der Literatur von Horaz bis Ramler und bis in den Film Werner Herzogs geworden. Noch die grüne Forderung nach einem gläsernen Abgeordneten bezieht ihre Vehemenz aus dieser mythischen Dimension. Der Topos markiert freilich zugleich auch den Umschlag des Wunsches nach Transparenz zwischenmenschlicher Kommunikation in den Terrorismus totaler Überwachung. Nachdenklich verbindet etwa am Ende des 18. Jahrhunderts der gelehrte Horaz-Übersetzer Karl Wilhelm Ramler (1725-1798) in seinem Kommentar den einschlägigen Vers »arcanique fides prodiga, perlucidior vitro« (Hor. carm. I XVIII 16)[1] mit der Erinnerung an die göttliche Verkörperung der Tadelsucht: »Momus tadelte an dem geschaffenen Menschen, daß er kein Fenster in der Brust hätte, damit man seine Gedanken sehen könnte. Der Lustigmacher der Götter bedachte nicht, daß man alsdenn auch die anvertrauten Geheimnisse würde gesehen haben.«[2] Bezeichnend für das Umschlagen von Transparenz in Terror – eine Dialektik der Aufklärung, die manchem popularphilosophischen Autor im letzten Drittel des 18. Jahrhunderts durchaus bewußt war – ist die Biographie eines Wahnsinnigen, die Christian Heinrich Spieß (1755-1799) überliefert.[3] Der Bericht *Der gläserne Ökonom das ist: Die Geschichte von Jakob W***r* erzählt den Fall eines jungen Mannes, von dem die fixe Idee Besitz ergriffen hatte, »eine Brust von Glas« zu besitzen, durch welche alle Emotionen für seine Umwelt sichtbar wurden. Die Wahnsinnsangst trieb den gläsernen Ökonomen stets in die dunkelsten Winkel der Stube, und noch seine letzten Worte »öffnet meinen Sarg nicht, damit die Leute nicht in meinem Herzen lesen können!« markieren seine Phobie.

Mit diesen Gedanken haben wir uns nur scheinbar von der Physiognomik entfernt, um uns doch gleichwohl einem zentralen Impuls von Lavaters physiognomischen Schriften anzunähern. Denn zwar ist Johann Caspar Lavater (1741-1801; Abb. S. 113) keineswegs der ›Begründer der Physiognomik‹, wie es ein weitverbreitetes Fehlurteil will, doch ging von seinem hier erstmals wieder zugänglich gemachten kleinen Bändchen der ›Urphysiognomik‹ aus dem Jahre 1772 geradezu eine »Raserei für Physiognomik« aus, die in den siebziger Jahren des 18. Jahrhunderts eine Vielzahl aufklärerischer Schriftsteller befiel, von denen, um nun nur einen Buchstaben des Alphabets zu bemühen: Lenz, Lessing oder Lichtenberg (von dem die zitierte Diagnose stammt) lediglich die prominenteren gewesen sind. Die Streitigkeiten, die längst vor der

Johann Caspar Lavater (1741-1801)
»Es ist Zeit zu schließen; und billig, dir auch ein erträglich kenntliches Bild zu deiner freyen Beurtheilung von demjenigen vorzulegen, der so viel über andere Gesichter geurtheilet hat; – ich will dir nicht vorgreifen, doch darf ich hoffen, daß dieses Gesicht nicht so beschaffen sey, daß es oft erröthen dürfte vor dem ›Richtet nicht, daß ihr nicht gerichtet werdet!‹«

Publikation von Lavaters »schweren und teuren Bände[n] des großen physiognomischen Werkes« (Goethe), also seinen *Physiognomische[n] Fragmente[n], zur Beförderung der Menschenkenntniß und Menschenliebe* (4 Bde. 1775-1778), eingesetzt hatten und die in der Debatte zwischen Henri de Catt und Antoine Joseph Pernety an der Berliner Akademie über die »unbeschränkte[n] Lesbarkeit des Menschen« eine Vorläuferin hatte, sind freilich noch kaum erforscht, wenn auch längst (von Goedeke IV.1, S. 264ff.) sorgfältig bibliographiert.

Physiognomik hat es immer gegeben – eine erste theoretisch-systematische Schrift ist uns mit der pseudo-aristotelischen *Physiognomica* überliefert. An sie hat vor allem Giovanni Battista della Porta mit seinem erstmals 1586 erschienenen Buch *De humana physiognomonia* angeknüpft, dessen Holzschnitte mit ihren physiognomischen Tier-Mensch-Metamorphosen über Charles Lebrun zu den Karikatur-Physiognomien eines Daumier oder Grandville, den physiognomischen Tierparallelen eines Sophus Schack bis zu den Surrealisten unseres Jahrhunderts fortgewirkt haben. In den weiteren Strom des Wissens stellt sich Lavater selbst, wenn er gegen Schluß des zweiten Stücks seines Büchleins *Von der Physiognomik* die Tradition in einem »Critischen Verzeichniß der besten merkwürdigsten Schriften und Abhandlungen über die Physiognomik« von A (wie »Aristoteles«) bis Z (wie »Zanardus«) Revue passieren läßt.[4] Mochte Lavaters Physiognomik nach der Hausse der siebziger Jahre auch am Ende des Jahrhunderts der Aufklärung schon »ziemlich in Vergessenheit gerathen« sein, wie der erste Geschichtsschreiber der Physiognomie 1797 feststellte,[5] so besteht das Bedürfnis nach überlegen machender Menschenkenntnis auch in unseren ach so modernen Zeiten unverändert fort, und zwar sowohl bei den gebildeten Schichten[6] wie auch in der breiten Bevölkerung, wovon etwa – in den zwanziger Jahren – eine heitere *Physiognomik in Versen* oder – ganz aktuell – ein einschlägiges Heftchen von »Deutschlands größte[r] Frauenzeitschrift«[7] zeugen mögen:

O, Gott! Die Poesie geht pleite,
Die Welt wird ganz geheimnislos.
Man legt heut' nicht nur Eingeweide,
Nein, auch das Seelenleben bloß.
Du bist erkannt im tiefsten Grunde,
Dein Angesicht hat Dich verraten
Und gibt dem Kenner sich're Kunde
Von Deines Herzens dunklen Pfaden.
Du magst Dich winden oder dreh'n,
Erkannt sind die geheimsten Lüste.
Dein Angesicht ist, so beseh'n,
Nur eine einz'ge Vorstrafliste.[8]

Nun muß jedoch zu dem mythologischen Schema etwas hinzukommen, damit »unabhängig voneinander und in der Regel ohne Verbindung untereinander [...] so unterschiedliche Geister wie Lichtenberg und Zimmermann, Lessing und Nicolai, Goethe und Lavater ihr Augenmerk auf eine Tradition [richten]«[9], deren Einsetzen damals mit der Autorität des Aristoteles markiert war.

Offenbar antwortet dieses neue Interesse an der alten Physiognomik auf eine mit dem sattelzeitlichen Modernisierungs- und Beschleunigungsschub verbundene Krisenerfahrung der Individuen. Mit dem Heraustreten des »vereinzelt Einzelnen« (Marx) aus seinen vertrauten Orientierungswelten ergibt sich nämlich die ambivalente Sachlage, daß das Subjekt sich einerseits zunehmend als einzigartig und eigensinnig erfährt, andererseits aber als Sozialwesen zu seinen Mitmenschen hin vermittelbar bleiben muß. Je moderner die Welt wird, desto größer wird das Bedürfnis nach physiognomischem Orientieren. So schießen im 18. Jahrhundert die sozialen Leseanleitungen nur so aus dem Boden: »semiotica civilis« (Thomasius), »semiotica moralis« (Wolff), »Semiotik der Affekte« (Lichtenberg), »physische« (Goethe) und »politische«[10] Semiotik sowie eben auch eine »Semiotik der Seele« (Knigge) bzw. eine »Seelenzeichenkunde« (Moritz) – auf eine solche zielte Lavater mit seinen physiognomischen Schriften.

Überlagert wird die Spannung von Intimität und Öffentlichkeit durch die Sprachkrise der Empfindsamkeit, in die die Aufklärer durch ihre Kampfbegriffe Natur, Natürlichkeit und Wahrheit getrieben werden, mit denen sie glaubten, gegen Mentalität und Verhaltensideal eines ancien régime zu Felde ziehen zu müssen. Dessen Regeln verbaler wie non-verbaler Kommunikation mitsamt den Alphabeten der Masken, Stellungen und Verstellungen versucht nun die Physiognomik, die in diesem historischen Zusammenhang zur Wissenschaft promoviert wird, auf eine authentische Wahrheit des Ichs hin zu hintergehen. Da der Mund der Ort der *falschen* Zeichen ist, glaubt der Physiognomiker nur den Zügen, die er im Gesicht erblickt. Auch sie sind jedoch noch nicht umstandslos Garanten unverstellter Wahrheit. Insbesondere der Hofmann hat sich, wie die französischen Moralisten beschreiben, zum Virtuosen im Umgang mit den Zeichen vervollkommnet. »Un homme qui sait la cour est maître de son geste, de ses yeux et de son visage [...]« (La Bruyère). Daher versucht die Physiognomik, dem Gegenüber die Maske abzureißen, um in sein wahres Gesicht zu schauen. Das Scheitern dieses sentimentalen Authentizitätsprogramms hat freilich Büchner in einer Replik aus *Dantons Tod* festgehalten: »Da werden die Gesichter mitgehen.«

Das Doppelprinzip älterer physiognomischer Lektüre, ihr »Gegeneinander von Offenbarungskunst und Verheimlichungskunst«[11], treibt nun, wenn nicht Verwissenschaftlichung, so doch die Präzisierung der neueren Physiognomie hervor – die Differenzierung von Physio- und Pathognomik, die methodische Verwendung des Schattenrisses und das Stirnmeter. An einer möglichst sicheren Hermeneutik des Charakters[12] interessiert, versuchte Lavater den letztgültigen Signifikanten an den ›festen‹ Teilen des Körpers zu verankern, insbesondere am Schädel, von dem er annahm, daß ihn das Gehirn geformt habe. Durch diese Fixierung auf das Knochensystem vermeint die Physiognomik ›wissenschaftlich‹ zu erkennen, was der Mensch seiner Anlage nach eigentlich ist, während der weltkluge Pathognomiker an den ›veränderlichen‹ Teilen des Körpers lediglich die augenblickliche Gemütsverfassung ablesen kann – freilich immer mit dem Risiko, von der Verstellung des Gegenübers in die Irre geführt zu werden. Die Gravitationsrichtung der Physiognomik im letzten Drittel des 18. Jahrhunderts auf eine Phrenologie

Gallscher Prägung ist damit vorgezeichnet, ganz so, wie Lavaters Enthusiasmus über den Nutzen einer wirklich wissenschaftlichen Physiognomik es schon 1772 angedeutet hatte: »Will sie uns nicht sagen, daß die Verschiedenheit des Gehirns und seiner Lage nothwendiger und natürlicher Weise den Contour und Bau des anfangs weichen und faserichten Schädels bestimmen müsse?« (diese Ausgabe S. 16)

II.

Die Physiognomie sei, so notiert 1741 Zedlers *Universal-Lexicon*, das Sammelwerk frühaufklärerischen Wissens, »die Kunst, welche aus der äusserlichen Beschaffenheit der Gliedmassen oder den Lineamenten des Leibes des Menschen dessen Natur und Gemüths-Disposition zu erkennen giebt.«[13] Diese weite Definition übernimmt auch Lavater, wenn er die Physiognomik als diejenige Wissenschaft begreift, die »den Charakter [...] des Menschen [...] aus seinem Aeußerlichen« erkennt (diese Ausgabe S. 10), mögen auch ihre hermeneutischen Regeln, ähnlich wie in den Literatur- und Kunstwissenschaften, nur schwer zu fassen sein. Erst 1775 konkretisiert er im ersten Band der *Physiognomischen Fragmente* die Physiognomik im engeren Verstande als »Kenntniß der Gesichtszüge und ihrer Bedeutung.«[14] Das Idealtypische des Physiognomikers, so kann verallgemeinert werden, handelt von der Verbindung zweier verschiedener Phänomene, eines äußeren und eines inneren: Gestalt und Eigenschaft, Angesicht und Ausdruck, Gebärde und Bedeutung. »Diese Wissenschaft schließt vom Aeußern aufs Innere.« So bestätigt uns in einer frühen *Zugabe* in den *Fragmenten* Lavaters Mitarbeiter Goethe, nicht ohne fragend hinzuzufügen: »Aber was ist das Aeußere am Menschen?«[15]

Nun soll in diesem Nachwort nicht die Geltung der Physiognomik überhaupt diskutiert werden. Denn Lavaters physiognomische Beobachtungen zielen in erster Linie nicht auf eine praktische Menschenkunde, die dazu anleiten will, sich in unvertrauten Umgebungen orientieren und fremde Menschen schon nach dem Äußeren auf der Skala höfischen Prestige- oder bürgerlichen Kreditwertes taxieren zu können. Solche intuitiven physiognomischen Alltagserfahrungen wird niemand anzweifeln wollen. Auf sie wies mit pathognomischer und pragmatischer Gewichtung vielmehr auch Georg Christoph Lichtenberg (1742-1799)[16] – Lavaters energischer Kritiker, auf den zurückzukommen sein wird – mit der Frage hin: »Ist denn aber Physiognomik ganz unsicher? Wir schließen ja täglich aus den Gesichtern, jedermann thut es, selbst die, die wider Physiognomik streiten, thun es in der nächsten Minute, und strafen ihre eigenen Grundsätze Lügen. [...] Wir urtheilen stündlich aus dem Gesicht, und irren stündlich.« Über den Wert einer physiognomischen Heuristik zur gesellschaftlichen, besser: geselligen Orientierung wird niemand streiten. Karl Markus Michel[17] hat jetzt darüber einen schönen Essay geschrieben. Und daher können wir dem in der Tradition der alteuropäischen Verhaltensliteratur stehenden, weltklugen Julius Bernhard von Rohr (1688-1742)[18] wohl zustimmen, wenn er die »Geschicklichkeit«, von den Merkmalen eines Menschen auf dessen Neigungen zu schließen, eine »Kunst, und nicht eine Wissenschafft [nennt], weil sie keine unumstößliche Gründe hat, aus welchen sie ihre Sätze herleitet«. Insbesondere die Physiognomie sei »in *Praxi* gar nützlich und auch ziemlich richtig«. Charmant und mit weltmännischer Überlegenheit ist auch später diese ältere *prudentia cardiognostica* gegen Lavaters physiognomische Ausforschungen etwa vom Prince de Ligne ausgespielt worden: »Ich liebe Herrn von Lavater bis zur Narrheit. Seine Arbeit über die Physiognomien ist ein Meisterwerk an Geist, Enthusiasmus, Einbildungskraft und Beredsamkeit. Aber die Züge, die Stirn, eine Nase, ein Grübchen am Kinn, wodurch er vielleicht ein Genie entdecken will, sagen – er verzeihe mir diese Bemerkung – nicht soviel wie der Blick oder eine Bewegung des Kopfes oder Körpers, wie die Anmut, der Stolz, die Leichtigkeit oder Ungeschicklichkeit, die Verlegenheit oder die Art zu sehen oder anzuhören; dies können seine Silhouetten und seine geringe Weltkenntnis ihn nicht lehren. Ich gehe noch weiter: ich glaube, daß Füße, Knie, Schultern ihre Sprache sprechen. Er möge die Frauen verstehen, dies wird sein schönstes Meisterwerk sein. Er mag noch so genau den Abstand von der Oberlippe zur Nase messen – diese hübsche junge Frau an der Seite ihres Gatten, die er genau beschreibt, wird eine andere an der Seite ihres Liebhabers sein, eine andere, wenn sie zum Ball als wenn sie zur Kirche geht, um mit ihrer Mutter die Messe zu hören.«[19]

Gegenüber einer solchen physiognomischen Weltklugheit ist festzuhalten, daß Lavaters Physiognomik vielmehr über Wesen und Wahrheit eines Charakters mit Schattenriß und Stirnmaß zu Gericht sitzt. Es soll daher energisch der genetische Impuls hervorgehoben werden, der Lavaters physiognomische Unternehmung vorantrieb. Auch hier gibt Goethe den entscheidenden Wink, wenn er 1829 an Eckermann rückblickend festhält, daß Lavaters damalige Richtung durchaus auf das »Religiöse« ging. Und zwar verbindet sich bei Lavater neben dem damals allgemein vorhandenen, popularphilosophischen Interesse an einer »Bestimmung des Menschen« (Spalding) insbesonders die physikotheologische Selbstverständlichkeit, im ›Buch der Natur‹ ebenso wie in der Bibel Gottes Wort lesen zu wollen, mit der Betrachtung der himmlischen Seinsweise des Menschen. Sowohl im physikotheologischen als auch im pietistischen Bereich (und in der häretischen Tradition) wird man den Impuls zu Lavaters physiognomischen Überlegungen zu suchen haben. In der Tat hatte er 1773 im 16. Brief der *Aussichten in die Ewigkeit*[20] die Grundlagen der Physiognomik aus Überlegungen zur dortigen Sprache, d. h. einer utopischen Kommunikationsfähigkeit abgeleitet. Hinsichtlich der »Sprache im Himmel« hatte er herausgestellt, daß diese von der irdischen »unaussprechlich verschieden« sein werde, insbesondere in Hinblick auf die Arbitrarität der Zeichenrelation: »Willkürliche Töne, die mit dem, was sie vorstellen sollen, in keiner natürlichen unmittelbaren Verbindung stehen, scheinen offenbar ein so unvollkommenes, zufälliges, unbestimmtes Mittel zu seyn, unsere Gedanken und Empfindungen andern mitzutheilen, daß ich mir schlechterdings nicht vorstellen kann, daß diese in jenem Lande der Wahrheit noch sollen statt haben können.« Die himmlische Sprache, so denkt Lavater sich aus, werde nicht babylonisch verwirrt, sondern allgemein, nicht sukzessive Folge von Tönen und Worten, sondern momentan, nicht willkürlich, sondern natürlich und unmittelbar sein. Lavaters Abkehr von der Sprache zielt auf eine unverstellte Transparenz der Kommunikation, die die empfindsame Utopie authentischer Herzensaussprache noch übertrumpft. »Es läßt sich eine Mittheilungsart unserer Gedanken, Empfindungen, Bilder u. s. f. gedenken, die alle erlernte Sprache entbehrlich macht, die lauter unmittelbare Sprache ist. – Diese unmittelbare Sprache ist physiognomisch, pantomimisch – musikalisch –«. Es sollte sich daher lohnen, Lavaters ›himmlische‹ Ausführungen zur »physiognomischen« Sprache, zur »Gebärdensprache« und zur »Tonsprache« mit den Idealen der damaligen Sprachtheorie (Herder), der Schauspielkunst samt deren Anweisungen zu Mimik, Gestik und Proxemik (J. J. Engel) sowie zur romantischen Musikphilosophie (Wackenroder, Schopenhauer) in Verbindung zu bringen.

Den physiognomischen Zug der vollkommenen himmlischen Kommunikation sieht Lavater in der Gottesebenbildlichkeit Christi begründet, und er folgert weiter: »so ist jeder Mensch – (ein Ebenbild *Gottes und Christi*) so ganz Ausdruck, gleichzeitiger, wahrhafter, vielumfassender, unausschöpflicher, mit keinen Worten erreichbarer, unnachahmbarer Ausdruck; er ist ganz Natursprache.« Es ist dieser religiöse Impuls, den endlich das Motto ausspricht, das Lavater dem ersten Band seiner *Physiognomischen Fragmente* voranstellte: »Gott schuf den Menschen sich zum Bilde!« (Abb. S. 123)

Mit seinen Phantasien zur Himmelssprache treibt Lavater, geistesgeschichtlich gesehen, die gegen die irdischen, zumal höfischen Verstellungskünstler gerichteten

Physiognomische Fragmente,

zur Beförderung

der Menschenkenntniß und Menschenliebe,

von

Johann Caspar Lavater.

Gott schuf den Menschen sich zum Bilde!

Erster Versuch.

Mit vielen Kupfern.

Leipzig und Winterthur, 1775.

Bey Weidmanns Erben und Reich, und Heinrich Steiner und Compagnie.

Titelkupfer der Ausgabe von 1775

Forderungen der empfindsamen Strömung der Aufklärung nach Ehrlichkeit und Gefühlsaussprache auf die Spitze. Im Jenseits wird der Mensch gänzlich durchsichtig auf seine Bedeutung hin. Und es ist der Physiognomiker, der sich auf der Erde schon in dieser Sprache übt – freilich oftmals noch stammelnd sie buchstabierend: » – jede Hand, jeder Finger, jede Muskel ist izt schon eine allbedeutsame Sprache für die Augen, die das Vorurtheil oder die Dummheit nicht umwölkt hat, die Natur zu sehen, die nichts als Ausdruck, nichts als Physiognomie, als sichtbare Darstellung des Unsichtbaren, nichts als Offenbarung der Wahrheitssprache ist.« Hier bewahrheitet sich das kommunikationswissenschaftliche Axiom, daß man nicht *nicht* kommunizieren könne, in seinem ganzen Ausmaß. Da »alles significativ« sei, gebe es auf Erden nichts, »welches nicht iezt schon physiognomisch – nicht izt schon Sprache – untriegliche Sprache für ein offenes Aug ist.« Dabei unterscheidet Lavater dreierlei Inhaber abgestuften physiognomischen Erkenntnisvermögens: die Laien, die eigentlichen Physiognomiker und die Engel. Entsprechend hält das genannte Titelkupfer eine ›englische‹ Nachhilfestunde in physiognomischer Lektüre fest.

Doch weiß Lavater der physiognomischen Transparenz des Nebenmenschen auch einen ganz handfesten irdischen Nutzen abzugewinnen. Das aufklärerische Projekt Joseph von Sonnenfels' (1733-1817), der in seiner Schrift *Ueber die Abschaffung der Tortur* (Zürich 1775) vorgeschlagen hatte, an die Stelle der Folter die »Scharfsinnigkeit« und den »Blick« des Richters zu setzen, wandelt Lavater in Richtung auf eine »Criminalphysiognomie«

ab, indem er die zwei von Sonnenfels vom Richter verlangten Fähigkeiten sogleich zu dessen »*scharfe[m] Blick*« zusammenzieht. Da die Unschuld genauso wie das Laster ins Gesicht geschrieben sei, prophezeit Lavater in seinem *Wort an Fürsten, Richter, Verhörer* (Ph. Fr. IV, 1778, S. 474-475), daß die Physiognomik die Tortur ablösen werde: Schon in fünfundzwanzig Jahren werde sie statt der Lehre von der Folter zur Kriminalwissenschaft gehören, »und man wird auf der Akademie lesen *physiognomicem forensem*, wie itzt *medicinam forensem*.« So erfindet sich das 18. Jahrhundert seinen Lügendetektor im physiognomischen Idiom, über den man einerseits Erleichterung verspürt, weil er den Strafprozeß humanisiert, und andererseits mit Lichtenberg erschreckt, weil man, wenn die Physiognomik das werden würde, was Lavater von ihr erwartet, die Kinder aufhinge, »ehe sie die Taten getan haben, die den Galgen verdienen, es wird also eine neue Art von Firmelung jedes Jahr vorgenommen werden. Ein physiognomisches Auto da Fé.« (*Sudelbücher* F 521)

Weil die Physiognomik dem Menschen »so nöthig, (und so natürlich) wie Sprachfähigkeit« ist, wie Lavater im vierten Band der *Physiognomischen Fragmente* (1778, S. 197) festhält, sollte es nicht verwundern, daß er das physiognomische Verfahren in bemerkenswert moderner, linguistischer Formulierung beschreibt. In einem kurzen pathognomischen Fragment über »Schmerz und Schrecken« stellt Lavater hinsichtlich eines Kupfers, das das Porträt des von Schmerz und Elend verschlungenen, stillen Dulders Ugolino (Abb. S. 127) darstellt, begeistert fest: »Uebrigens ein herrlicher Text für den Physiognomisten.« (Ph. Fr. IV, 1778, S. 414). Es ist demnach durchaus kein Anachronismus, sondern durch den Sprachgebrauch der physiognomischen Abhandlungen im 18. Jahrhundert ausdrücklich nahegelegt, die Verbindung von sichtbarem Außen und gedeutetem Innen als zeichentheoretische Relation zu betrachten. Das sprachliche Zeichen ist eine zweiseitige Realität, nämlich die Verbindung zwischen Signifikant und Signifikat, Bezeichnendem und Bezeichnetem, deren gegenseitiger Bezug beliebig ist – arbiträr. Beim physiognomischen Zeichen herrscht dagegen über den Charakter dieser Verbindung nicht nur im 18. Jahrhundert, sondern seit jeher Streit. »Von dem Werth dieser Kunst [der Physiognomik] sind die Gedancken der Gelehrten«, schreibt Zedler in dem eingangs erwähnten Artikel, »unterschiedlich, indem einige viel, andere wenig darauf halten.« Gar nichts von der Gesichtslesekunst hielt Louis Chevalier de Jaucourt (1704-1780), der Verfasser des einschlägigen Artikels in der Pariser *Encyclopédie*, gegen den sich Lavater in der »Vorrede« des zweiten Stücks *Von der Physiognomik* energisch zur Wehr gesetzt hat.[21] Der ihm »gänzlich unbekannte Verfasser des Artikels *Physiognomie* (Science imaginaire) in der französischen Encyclopédie« hatte darin geschrieben, daß die Physiognomie ein lächerliches Vorurteil sei, »car ces traits n'ont aucun rapport avec la nature de l'âme, ils n'ont aucune analogie sur laquelle on puisse seulement fonder des conjectures raisonnables.«[22] Obwohl Lavater gelegentlich die Physiognomik von der Pathognomik unterschieden hatte, bedient er sich doch der ›Semiotik der Affekte‹, um gegen solche Kritiker der Gesichtsforschung die »Wahrheit der Physiognomie« (Ph. Fr. 1, 1775, S. 44) evident zu machen. Mit Blick auf

»Uebrigens ein herrlicher Text für den Physiognomisten.«

die Affektenlehre fragt Lavater: »Nicht von innen heraus soll der Geist auf den Körper, nicht von außen herein soll der Körper auf den Geist wirken? Zorn schwillt zwar die Muskeln auf, aber aufgeschwollne Muskeln und ein zorniges Gemüthe sollen nicht als Wirkung und Ursache angesehen werden dürfen?« (Ph. Fr. 1, 1775, S. 45). Nur wenige Seiten vorher hatte Lavater einen solchen pathognomischen Zusammenhang, nämlich die Aufzählung der Affekte samt der mit ihnen einhergehenden physiologischen Veränderungen, zur Keimzelle des physiognomischen Denkens überhaupt erhoben: »*Hinc nascitur Physiognomia.*« (Ph. Fr. 1, 1775, S. 27)

Freilich führt der Nachweis, daß es sich bei dem physiognomischen Zeichen um ein natürliches handelt, sogleich zur Diskriminierung. Da Lavater die Wahrheit der Physiognomik religiös hergeleitet hatte, geht mit ihr die Vorstellung einer universellen »Harmonie der moralischen und körperlichen Schönheit« (Ph. Fr. 1, 1775, S. 57-77) einher. Diese Harmonie ist Ausdruck eines geordneten Kosmos; das schöne menschliche Antlitz ist »Spiegel der Gottheit«. Schönheit drückt Tugend, Häßlichkeit Laster aus – so Lavaters in der neoplatonischen Tradition von Shaftesburys und Hutchesons moral-sense-Philosophie stehende Kalokagathie. Die ausgrenzende und diskriminierende Konsequenz aus diesem Theodizee- und Harmoniemodell, das von seinen Zeitgenossen, etwa von Mendelssohn,[23] durchaus geteilt wurde, hatte Lavater bereits in seiner ›Urphysiognomik‹ im Gestus überschießender Phantasie gezogen: »Es empört sich in der That der menschliche Verstand gegen einen Menschen, der behaupten könnte, daß *Leibnitz* oder *Newton* in dem Körper eines Stupiden, eines Menschen aus dem Tollhause, der große Metaphysiker oder Mathematiker hätte seyn können; daß der eine von ihnen im Schädel eines Lappen die Theodicee erdacht, und der andere im Kopfe eines Mohren, dessen Nase eingedrückt, dessen Augen zum Kopfe heraus ragen, dessen Lippen, so aufgeworfen sie sind, kaum die Zähne bedecken, der allenthalben fleischicht und rund ist, die Planeten gewogen, und den Lichtstrahl gespaltet hätte.« (Diese Ausgabe, S. 14) Den verwachsenen Lichtenberg (Abb. S. 133) muß Lavaters kalokagathisches Dogma in den Grundfesten seiner Identität bedroht haben. Er hat daher in seiner Widerlegungsschrift mit dem erhabenen Lakonismus geantwortet »*Und warum nicht?*«[24]

Die rassenphysiognomische Passage hat Lavater in den *Physiognomischen Fragmenten* – freilich abgeschwächt – wiederholt. Die diskriminierende Stelle über den »Mohren« von 1772 wird zum »Kopfe eines Labradoriers, der weiter nicht, als auf sechse zählen kann, und was drüber geht, unzählbar nennt« (Ph. Fr. 1, 1775, S. 46) zurückgenommen. Gleichwohl kommentiert einer der Kupferstecher mit Blick auf die frühe Fassung in einem Akt subversiver Ironie solcherlei rassistische Konsequenzen der physiognomischen Kalokagathie mit einer Vignette, die die durch Laubranken vereinten Profile einer Weißen und einer Schwarzen zeigt. Überhaupt scheinen die Zeichner und Stecher, unter ihnen so bekannte Namen wie Daniel Chodowiecki, Johann Heinrich Lips, Johann Rudolf Schellenberg oder Georg Friedrich Schmoll,[25] in dem niederen graphischen Genre der Vignette manche ›Wahrheit‹, die die im hohen Stil gehaltenen Porträtplatten verkünden, ironisch kommentiert oder gar parodiert zu haben: Da physiognomiert schon mal statt eines Engels der Teufel, bosseln die Putti mit Köpfen (Abb. S. 131) oder tragen die Ohren und Nasen (Abb. S. 131) zusammen ...

III.

Mit seiner Bedenklichkeit, was denn das Äußere am Menschen sei, zielte Goethe auf eine ähnliche Ausweitung der physiognomischen Buchstabierhilfe wie wenig später auch Lichtenberg in seiner Polemik, insofern beide den semiotischen Aspekt vom nackten menschlichen Körper weg auf das vom Menschen gestaltete Milieu verlegen. Goethe denkt mit seiner Erweiterung des Äußeren am Menschen – »Stand, Gewohnheit, Besitzthümer, Kleider, alles modificirt, alles verhüllt ihn« – auf eine die dialektische Beziehung von Innen und Außen einbeziehende physiognomische Pragmatik – eine Dimension, die trotz energischer Kritik auch Lichtenberg mit Blick auf die ältere Tradition der Weltklugheit im Auge hat, auf die der Prince de Ligne in seinem bissigen Hinweis auf die rigoristische Borniertheit des Kleinstädters Lavater anspielte. »Nützlicher« als Lavaters Physiognomik, schreibt Lichtenberg, »wäre ein anderer Weg den Charakter des Menschen zu erforschen [...]: Nemlich aus bekannten Handlungen eines Menschen, und die zu verbergen er keine Ursache zu haben glaubt, andere nicht eingestandene zu finden. Eine Wissenschaft, welche Leute von Welt in einem höheren Grad besitzen, als die armen Tröpfe glauben können, die ihr Opfer täglich werden. So

Vignetten

schließt man von Ordnung in der Wohnstube auf Ordnung im Kopf, von scharfem Augenmaaß auf richtigen Verstand, von Farben und Schnitt der Kleider in gewissen Jahren auf den ganzen Charakter mit grösserer Gewißheit, als aus hundert Silhouetten von hundert Seiten von eben demselben Kopf.« Hier ist Lichtenberg unterwegs zu einer umfassenden sozialen Semiotik, wie sie heute von Pierre Bourdieu oder Roland Barthes ausformuliert worden ist.

Eine erste kritische Reaktion Lichtenbergs findet sich bereits auf Lavaters ersten *Von der Physiognomik* betitelten Entwurf, der 1772 im *Hannoverischen Magazin* erschien. Den ersten Band der *Fragmente* erhielt der Göttinger Gelehrte während seines zweiten England-Aufenthaltes in den Jahren 1774/75 zu Gesicht; er merkt an, wieder zeige sich, wie in allen Schriften dieses Schwärmers, ein »entsetzlicher Aufwand an Worten«, und subsumiert ihn unter eine »in Deutschland, unter den sogenannten webenden Genies in den Wolken, Mode werdende Adeptensprache«.[26] In den folgenden Jahren detailliert und verschärft sich die Kritik, und die Anmerkungen zu Lavater und zur Physiognomik häufen sich in den Briefen und ›Sudel‹-Tagebüchern zu einem Kompendium von Glossen, Randnotizen und satirischen Einfällen, die Lichtenberg nur auszuschreiben und in die gehörige Façon zu bringen brauchte, als er Ende 1777 seine große Streitschrift *Ueber Physiognomik; wider die Physiognomen. Zu Beförderung der Menschenliebe und Menschenkenntniß* zunächst im *Göttinger Taschenkalender*[27] und im neuen Jahr als erweiterten Separatdruck an die Öffentlichkeit gab.

Georg Christoph Lichtenberg (1742-1799)
Undatierte Karikatur. Georg Heinrich Wilhelm Blumenbach (1780-1855) zugeschrieben. In Privatbesitz.

Das Urteil nimmt kein Blatt vor den Mund! Wenn doch Meiners, Garve, Möser oder Lessing, die hier und dort über die zeitgenössische Philosophie, Romane und Schauspiele Gericht halten, »uns eine Physiognomik gegeben hätten«, heißt es in einer längeren Auslassung der ›Sudelhefte‹, »Leute, die es gezeigt haben, daß sie beobachten, entwickeln und verbinden können, so hätte man ihnen in einer so schweren Sache wenigstens auf Kredit bis zur eigenen Untersuchung geglaubt«. Lavater hingegen sei »ein Quacksalber«, fährt er fort, seine *Physiognomik* sei Astrologie, ein Unternehmen, das in den Zeiten der sieben mageren Kühe, »worin unsere Literatur jetzo lebt«, gerade noch gefehlt habe, ein »babylonisches Gebäude«.

Dabei stand Lichtenberg den Intentionen dieser ›Physiognomik‹ ursprünglich weniger fern, als man bei derart heftigen Attacken annehmen sollte, waren doch – seinem eigenen Zeugnis nach – Gesichter und ihre Deutungen von Jugend an eine seiner Lieblingsbeschäftigungen: »Ich habe nicht einzelne Blätter, sondern Dutzende von Bogen voll Gesichter gekritzelt und ihre Bedeutung nach einem dunklen Gefühl darunter geschrieben; oft mit einzelnen Worten und oft in Zeilen: Ökonomie; noch zur Zeit nicht gehenkt u. dgl.« Schon während seiner ersten England-Reise im Jahre 1770 stellte er mit großem Eifer physiognomische Betrachtungen unter der Londoner Bevölkerung an und teilte sie nach Deutschland mit, so daß man ihn in Göttingen nicht ohne Grund für den Verfasser des ersten, anonym erschienenen Lavaterschen Entwurfs von 1772 halten konnte. Gerade diese Nähe zum Gegenstand und die selbstgemachten Erfahrungen auf dem Gebiet der Physiognomik sind es, die seine spätere Kritik herausfordern und seine Entgegnungen tragen.

Wo er ideale Physiognomien entwirft, hält sich Lavater an Raffael oder schließt sich an Vorstellungen an, wie sie Johann Joachim Winckelmann von antiker Plastik abgenommen und in seinen Schriften (*Gedanken über die Nachahmung der griechischen Werke* [1755], *Geschichte der Kunst des Altertums* [1762]) unter die Formel »edle Einfalt und stille Größe« gebracht hatte. Mit einem Buckel geschlagen und von häufigen Krankheiten geplagt, mußte Lichtenberg gegen derlei Typologie eine geradezu physische Antipathie entwickeln. Er fragt: »Soll das Fleisch Richter sein vom Geist?« – und setzt dagegen: »Hüte dich vor den Gezeichneten, ist ein Schimpfwort, dem die Gezeichneten von einer gewissen Klasse der Nicht-Gezeichneten in der Welt seit jeher ausgesetzt gewesen sind. Mit größerem Rechte könnten also die Gezeichneten sagen: hüte dich vor den Nicht-Gezeichneten«. Oder anders gesagt: »Sobald einer ein Gebrechen hat, hat er eine eigene Meinung«.

Wenn er Fensterscheiben einwerfe, merkt Lichtenberg zur Methode seiner Kritik an, geschehe es immer mit Dreigroschenstücken. In der Tat muten viele seiner Argumente, die er gegen Lavaters *Physiognomik* vorbringt, wie aus jenem niederen Versteck hervorgezogen an, in das der Blick des Gegners gar nicht erst geraten ist, da er sich gar zu tief hätte bücken müssen. Oft genügt es, gegen das sich aufwölbende und in sich abschließende Gedankengebäude einfach ein Stück ›billige‹ Realität in die Debatte zu werfen – etwa von der Art: »Geht einmal hin und lest im Gesicht des Kardinals von Retz des Erzbischofs, daß er den Richelieu ermorden wollte«. Oder: »O, es ist nicht Rüttgerodt [ein berüchtigter, 1776 hingerichteter Mörder, dem die *Physiognomik* »erstes schöpferisches Urgenie« bescheinigt hatte] allein, der Lavatern betrogen hat, auch elende Schwärmerei hat ihn hintergangen. Er sieht auf den Silhouetten und ausgezeichneten Köpfen einiger unserer Dichter alle die großen unüberschwänglichen Talente, die bloß Rezensenten-Gunst, gutherziger und falschempfindender Unverstand, und hauptsächlich Widerhall aus leeren Köpfen hinein gelegt hat, und wovon keine Spuren oder doch nur sehr zweideutige darin zu finden sind«.

Eine deutliche stände- bzw. sozialkritische Komponente enthält Lichtenbergs Hinweis: wer schöne Spitzbuben, glatte Betrüger und reizende Waisenkinder suche, dürfe eben nicht wie der Züricher Theologe »hinter den Hecken und in den Dorfkerkern« suchen, sondern müsse hingehen, »wo sie aus Silber speisen, wo sie Gesichterkenntnis und Macht über ihre Muskeln haben, wo sie mit einem Achselzucken Familien unglücklich machen und ehrliche Namen und Credit über den Haufen wispern oder mit affectirter Unschlüssigkeit wegstottern«. »Warum deutet ihr nicht«, fragt er an anderer Stelle, »kalten Winter, faule Windeln, leichtfertige Wärterinnen, feuchte Schlafkammern, Krankheiten des Kindbetts aus den Nasen?« – und lenkt damit die physiognomische Erkenntnis vom autonomen ›Charakter‹ des Menschen auf die ›sozialen Umstände‹, die ihn determinieren. Die heftigste Reaktion des Kritikers gilt daher den kriminalistischen Folgerungen, die man, wie Lichtenberg mit Recht fürchtet, aus Lavaters Wissenschaftsentwurf werde zie-

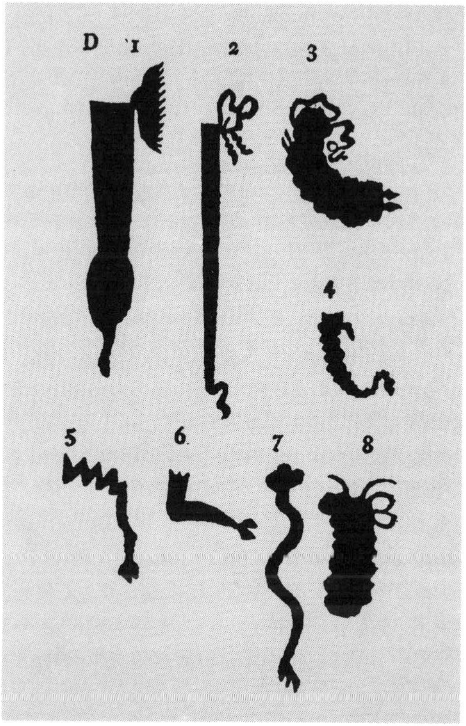

»Acht Silhouetten von Purschenschwänzen zur Übung«

hen können; er deckt da ein potentiell inhumanes Moment der ›Physiognomik‹ auf und signalisiert die Gefahr, daß die ›Beförderung der Menschenkenntniß und Menschenliebe‹ umschlagen könne in eine ›Eskalation von Menschenunkenntnis und Menschenhaß‹: wenn Lavaters Wahnwitz die Leiden auch nur eines einzigen rechtschaffenen Gebrechlichen um ein »Gran« vermehre, lautet die Forderung, verdiene der Verfasser die »Geißel der Satire durch 6 Messen durch«.

So ist es kein Zufall, daß Lichtenberg fast genau sechs Jahre nach Auslieferung des vierten und letzten Bandes der *Physiognomischen Fragmente* die Auseinandersetzung mit Lavater noch einmal aufnimmt und auf ihren satirischen Höhepunkt führt: 1783 erscheint nämlich – auf Betreiben des Göttinger Medizinprofessors und dazumal landgräflichen Leibarztes Ernst Gottfried Baldinger oder, wie man munkelt, seiner Frau Dorothea Friederike – im *Neuen Magazin für Ärzte* Lichtenbergs *Fragment von Schwänzen*,[28] das freilich schon 1777 niedergeschrieben und dem Freundeskreis bekannt geworden war. Zu seinen Lebzeiten war dieses *Fragment* Lichtenbergs populärste Schrift überhaupt: sie entfachte, wie sich leicht denken läßt, eine wilde Flut an Gegenpamphleten; der Verleger vermerkt dankbar, daß er jeden Posttag von der ›Schwanz-Physiognomik‹ expedieren durfte.

Das satirisch-parodistische Verfahren ist das der direkt-zitierenden und so die Vorlage verfremdenden Imitation, also der Nachahmung etwa der ekstatischen Diktion oder des Klassifikationsschemas in a), b) und c). Da Lavater der Meinung war, daß man nicht nur von Nase, Augen, Mund, Stirn, Kinn etc. auf den Charakter, sondern gleichermaßen auch vom Daumen aufs Gesicht des Menschen schließen könne, bleibt Lichtenberg nur im System, wenn er die eine Extremität gegen die andere austauscht und nun die ganze Physiognomik sozusagen auf den Schwanz stellt. Er komplettiert, indem er so vorgeht, das System ums schmählich übergangene – weil ausgesparte – Detail: denn so war es natürlich nicht gemeint, daß, was fürs edle Auge gilt, auch für den Nabel, was fürs Riechorgan gilt, auch fürs Pflanzorgan gelten sollte. Daß, angeregt durch diverse Auslassungen zur Tierphysiognomik, die Lavater mit demselben Eifer wie seine Menschenphysiognomik betrieb und mit dieser zu kombinieren versuchte, Schweinsschwänze und Hundewedel oder das, was als Zopf und Haarbeutel im Genick der Zeitgenossen starrte, stets in Griffnähe bleiben, schafft der Satire Spielraum zur Zweideutigkeit hin, ohne ihr etwas von ihrer Eindeutigkeit zu rauben. Im Gegenteil: »Welchen könnte Goethe getragen haben«, welchen »Alexander, wenn er einen Schwanz hätte tragen wollen«, »Welchen würde Homer wählen, wenn er wiederkäme?«

Das Verfahren der imitierenden Parodie, das sich der Vorlage bedient, um sie in ihrem Sinne umzupolen, im Scherz der Lächerlichkeit preiszugeben und im Ernst ad absurdum zu führen, erlaubt eine Vielzahl von Anspielungen auf engstem Raum. Natürlich wußten die Zeitgenossen, daß sich Goethe zu den Lavaterianern bekannte und mit dem Meister »oft brüderlich zusammen in einem und demselben Bette geschlafen« hatte, und waren um weitere ›Fragen zur Übung‹ nicht verlegen. Es handelt sich also bei Lichtenbergs satirischer Invektive um einen

Spiegel, der ein Vexierbild zurückwirft: dabei soll die ›Verzerrung‹ auf spezifische Weise der notwendigen ›Richtigstellung‹ dienen. Das Spiegelbild – so die einschlägige Metapher, die im achtzehnten Jahrhundert durchaus geläufig war – zielte freilich ganz speziell auch auf die zeitgenössische Anhängerschaft Lavaters ab, die seinen Entwurf einer Physiognomik zur grassierenden Mode-Erscheinung verflachte, und trägt der Tatsache Rechnung, daß ihr Autor selbst mit seinen ins Voluminöse fort- und fortgeschriebenen Physiognomik-Opera ein Opfer seiner Theoreme wurde und sich, vom Rechtfertigungszwang getrieben, notwendig in Widersprüche verwickeln mußte.

Wir folgen aber ja mit unserer kleinen, hier vorgelegten Ausgabe nicht diesen dickleibigen Publikationen der späteren Jahre, sondern verweisen auf ihren lebendigen Ursprung zu Beginn der siebziger Jahre des achtzehnten Jahrhunderts zurück, denen der Naturwissenschaftler und philosophische Aphoristiker Lichtenberg näher stand, als es der spätere Satiriker, der sich seinerseits festlegt und in seiner Perspektive einschließt, zugeben möchte. Es sei daran erinnert, daß man ja – wie erwähnt – Lichtenberg zunächst sogar als Verfasser der 1772 anonym erschienenen Skizze *Von der Physiognomik* vermutete und daß dieser – sicher keiner solchen Zuschreibung wegen – von einem »schön geschriebenen Aufsatz«[29] sprach. Gerade auch dieses Urteil hat bis heute Geltung behalten und darf zur Begründung der hier veranstalteten Neuausgabe beigezogen werden!

Zu dieser Ausgabe:

Lavater hat seine ›Urphysiognomik‹ zunächst in einem Vortrag vor der ›Naturforschenden Gesellschaft in Zürich‹ bekanntgemacht, die 1746 von dem Botaniker Johannes Gessner unter dem Namen ›Physikalische Gesellschaft‹ gegründet worden war. Johann Georg Zimmermann (1728-1795), der diese »Abhandlung [...] durch die Hand eines hannöverschen Freundes« von Lavater erhalten hatte, druckte sie im Februar 1772 unautorisiert im *Hannoverischen Magazin*[30] nebst einigen erläuternden Anmerkungen ab. Eine Buchausgabe mit Lavaters Namen wurde noch im gleichen Jahr in Leipzig bei Weidmanns Erben und Reich herausgebracht, in der die Anmerkungen Zimmermanns, wie dieser in seinem ›Vorbericht‹ bemerkt, fortgelassen wurden. Dieser Buchausgabe folgt der hier erstmals wieder zugänglich gemachte Text Lavaters *Von der Physiognomik* zeichen- und buchstabengetreu. Die beigegebenen Illustrationen sind den *Physiognomischen Fragmenten* entnommen.

Auf den Abdruck *Von der Physiognomik, Zweytes Stück, welches einen in allen Absichten sehr unvollkommnen Entwurf zu einem Werke von dieser Art enthält*, das eine zweite Vorlesung mit dem »Skelet zu einem Entwurf einer Physiognomik«[31] enthält, die Lavater ebenfalls vor der Zürcher Naturforschenden Gesellschaft gehalten hat, mußte aufgrund des ausschließlich stichwortartigen Charakters verzichtet werden, auch wenn dieser »Plan« den umfassenden physiognomischen Ansatz Lavaters vor Augen geführt hätte, der in den *Physiognomischen Fragmenten* eben *nicht* verwirklicht worden ist.

Ludwig Klages hat 1925 den Plan verfolgt, Lavaters kurze Schrift *Von der Physiognomik*, »die fast kein Mensch kennt und welche ich für weit wertvoller als seine physiognomischen Fragmente halte«, in einem Leipziger Verlag wieder zugänglich zu machen, da die »präzise Skizze seiner physiognomischen *Grundsätze*« in gedrängter Form »alles Wesentliche« enthalte. Sofern das spätere dickleibige Werk sich mit prinzipiellen Dingen befasse, führe es »das dort Gebotene weiter aus, ohne irgend noch wesentlich Neues hinzuzufügen«.[32] Die Lavatersche Abhandlung sollte mit der Wiedergabe von Lichtenbergs Gegenschrift *Ueber Physiognomik* zu einem Bändchen mit dem Titel *Lavater Lichtenberg Für und wider die Physiognomik* vereinigt werden. Der Plan ist jedoch nicht ausgeführt worden. Während heute Lichtenbergs Gegenrede in den diversen Sammlungen seiner Schriften (und auch separat als insel taschenbuch 936) leicht greifbar und in aller Munde ist, gilt Klages' Diktum über Lavaters erstes physiognomisches Werkchen, daß es fast kein Mensch kenne, weiter. Die vorliegende Ausgabe möchte diesen Umstand gelegentlich der 250. Wiederkehr des Geburtstags des Zürcher Verfassers abhelfen.

Beigegeben sind Lavaters frühester physiognomischer Schrift die späten, wohl 1789 niedergeschriebenen, zunächst als »Geheimregeln« für Freunde im Manuskript zirkulierenden und 1793[33] unautorisiert veröffentlichten *Hundert physiognomischen Regeln*, die, »mit vielen Kupfern« vermehrt, im fünften Band von Lavaters *Nachgelassene[n] Schriften* erschienen sind. Der Abdruck folgt der letztgenannten Ausgabe mit einer schmalen Auswahl der dazugehörigen Kupferstiche.

1 »Treue, welche nicht wahrt, was ihr vertraut, leicht zu durchschauen wie Glas.«

2 Horaz' Oden. Hg. Karl Friedrich Ramler. Bd. I. Berlin 1800, S. 187.

3 Biographien der Wahnsinnigen (1795/96). Hg. Wolfgang Promies. Darmstadt, Neuwied 1976, S. 44-61.

4 Johann Caspar Lavater: Von der Physiognomik. Zweytes Stück, welches einen in allen Absichten sehr unvollkommenen Entwurf zu einem Werke von dieser Art enthält. Leipzig 1772, S. 189-191.

5 Georg Gustav Fülleborn: Abriss einer Geschichte und Litteratur der Physiognomik. In: ders.: Beyträge zur Geschichte der Philosophie, 8. St. Züllichau, Freystadt 1797, S. 1-188, hier S. 3.

6 Diese Linie mag mit den Namen Rudolf Kassner (Die Grundlagen der Physiognomik [1922] und Physiognomik [1932]), Max Picard (Das Menschengesicht [1929]) oder Ludwig Klages, der die Physiognomik mit der Graphologie verbindet, angedeutet sein.

7 [anonym:] Menschenkenntnis macht überlegen. Eine Lebensnahe Charakterkunde. Hamburg o. J. (= tips für sie, Nr. 32).

8 Franz Schmitt: Der heitere Menschenkenner (Physiognomik in Versen). Görlitz 1926, hier S. 3.

9 August Ohage: Von Lessings ›Wust‹ zu einer Wissenschaftsgeschichte der Physiognomik im 18. Jahrhundert. In: Lessing Yearbook 21 (1989), S. 55-87, hier S. 55.

10 [anonym:] Etwas von der moralischen und politischen Semiotik. In: Hannoverisches Magazin 10 (1772), Sp. 717-720.

11 Gerhard Neumann: »Rede, damit ich dich sehe«. Das neuzeitliche Ich und der physiognomische Blick. In: Das neuzeitliche Ich in der Literatur des 18. und 20. Jahrhunderts. Zur Dialektik der Moderne. Hg. Ulrich Fülleborn, Manfred Engel. München 1988, S. 71-108, hier S. 91.

12 Dazu die brillante Studie von Ursula E. Geitner: Die Sprache der Verstellung. Studien zum rhetorischen und anthropologi-

schen Wissen im 17. und 18. Jahrhundert. Tübingen 1992, bes.: Kap. VII ›Sprache, Schrift, Verstehen 1. Lavaters Physiognomik: Traum vom Verstehen ohne Rest‹.

13 Johann Heinrich Zedler (Hg.): Grosses vollständiges Universal=Lexicon aller Wissenschaften und Künste. Bd. 1-64, Suppl.-Bd. 1-4. Halle 1732-1754, Bd. 27 (1741), s. v. »Physiognomie«, Sp. 2239-2241, hier Sp. 2239.

14 Johann Caspar Lavater: Physiognomische Fragmente, zur Beförderung der Menschenkenntniß und Menschenliebe. 4 Bde. Leipzig, Winterthur 1775-1778 [Ndr.: Zürich, Leipzig 1968-1969], Bd. I (1775), S. 13 (im folgenden zit. als Ph. Fr.).

15 Lavater, Ph. Fr., I (1775), S. 15-16 (»Zugabe« von Johann Wolfgang Goethe).

16 Georg Christoph Lichtenberg: Ueber Physiognomik; wider die Physiognomie. Zweyte verm. Auf. Göttingen 1778, das folgende Zitat S. 53 und 65.

17 Gesichter. Physiognomische Streifzüge. Frankfurt/M. 1990.

18 Unterricht von der Kunst der Menschen Gemüther zu erforschen. Vierte, verm. Aufl. Leipzig 1732, das folgende Zitat S. 1 und 318.

19 Fürst von Ligne: Gedanken und Einfälle. In: Die französischen Moralisten. Neue Folge. Galiani, Fürst von Ligne, Joubert. Hg. Fritz Schalk. Wiesbaden 1940, S. 101.

20 [Johann Caspar Lavater:] Aussichten in die Ewigkeit in Briefen an Herrn Joh. Georg Zimmermann. 4 Tle. Zürich 1768-1778, hier Bd. III (1773), 16. Brief: ›Von der Sprache im Himmel‹, S. 101-122. Dort auch das folgende.

21 Lavater, Von der Physiognomik. Zweytes Stück, a. a. O., S. 3-10, hier S. 9f.

22 Encyclopédie, ou Dictionnaire raisonné des sciences, des arts et des métiers [...]. 17 Vols. Paris 1751-1765, hier Vol. 12 (1765), s. v. »Physionomie«, S. 538.

23 [Moses Mendelssohn:] Ueber einige Einwürfe gegen die Physiognomik, und vorzüglich gegen die von Herrn Lavater behauptete Harmonie zwischen Schönheit und Tugend. In: Deutsches Museum, Bd. 1 (1778), März, S. 193-198.

24 Lichtenberg: Ueber Physiognomik, a. a. O., S. 42. Gegen das

alte, freilich von der neoplatonischen Kalokagathielehre verschärfte Vorurteil, daß in mißgebildeten Körpern das Böse sitze, schrieb der selbst verkrüppelt geborene William Hay seinen Essay »Deformity« (London 1754; dtsch.: Die Häßlichkeit. Ein Versuch. Übers. Robert von Neufville. Breslau 1759).

25 Der so gut wie ungehobene graphische Nachlaß Lavaters, sein ›physiognomisches Kabinett‹, das Anfang des 19. Jahrhunderts von Franz I. aufgekauft wurde, befindet sich als Teil der Österreichischen Nationalbibliothek im Österreichischen Bildarchiv (Heldenplatz 1, A – 1010 Wien). Diese Sammlung umfaßt geschätzt 22300 Blätter, von denen ca. 80 Prozent Porträts sein sollen.

26 Lichtenberg, Werke und Briefe, hrsg. v. W. Promies, Bd. 4: Briefe, München 1967, S. 252.

27 [Lichtenberg, Georg Christoph:] Ueber Physionomik [!], und am Ende etwas zur Erklärung der Kupferstiche des Almanachs. In: Goettinger Taschen Calender vom Jahr 1778. [Göttingen 1777], S. 1-31 (getrennte Pag.).

28 Silhouetten [d. i. Fragmente von Schwänzen]. In: Neues Magazin für Ärzte 5 (1783), S. 1-11.

29 Lichtenberg, Ueber Physiognomik, a. a. O., S. 13

30 [Johann Caspar Lavater:] Von der Physiognomik. In: Hannoverisches Magazin, 10. St., 3. Febr. 1772, Sp. 145-160; 11. St. 7. Febr. 1772, Sp. 161-176; 11. St., 10. Febr. 1772, Sp. 177-192.

31 Lavater, Von der Physiognomik. Zweytes Stück, a. a. O., S. 13.

32 Ludwig Klages: Prinzipielles bei Lavater [zuerst 1901]. In: ders.: Menschenkunde. Mit einer Einleitung von Ernst Frauchiger. Bonn 1964 (= Sämtliche Werke, Bd. 6), S. 3-12. Die Hinweise auf den Buchplan von 1925 im »Kommentar«, S. 697-699.

33 Johann Caspar Lavater: Vermischte physiognomische Regeln. In: Hand-Bibliothek für Freunde von Johann Caspar Lavater. Bd. 1. [Zürich] 1793 Wieder abgedruckt u. d. T. Vermischte physiognomische Regeln, ein Manuscript für Freunde. [o. O.] 1802.

Zu den Abbildungen

Die Abbildungen gegenüber der Titelseite (S. 4) und S. 123 nach der Originalausgabe von 1772 bzw. 1775. Die Abbildungen S. 69, 81, 85, 91 und 93 nach: Johann Caspar Lavater, Hundert physiognomische Regeln, mit vielen Kupfern, in: ders., Nachgelassene Schriften, hrsg. von Georg Geßner, Zürich 1802, eingeklebt nach S. 110. Abb. S. 133 nach: Horst Gravenkamp, Geschichte eines elenden Körpers, Lichtenberg als Patient, Göttingen 1989, S. 21, Abb. 2. Abbildung S. 137 nach: Georg Christoph Lichtenberg's vermischte Schriften, Bd. 3, hrsg. von Ludwig Christian Lichtenberg und Friedrich Kies, Göttingen 1801, S. 597. Alle übrigen Abbildungen S. 3, 19, 23, 29, 35, 39, 43, 47, 53, 57, 61, 113, 127 und 131 nach: Johann Caspar Lavater, Physiognomische Fragmente zur Beförderung der Menschenkenntniß und Menschenliebe, 4 Bde., Leipzig und Winterthur 1775-1778, III S. 215, IV nach S. 406, I vor S. 241, I vor S. 190, I nach S. 224, IV vor S. 353, IV vor S. 57, I nach S. 60, II S. 93, II S. 99, IV vor S. 237, I S. 271, IV nach S. 414, I S. 51 und IV S. 69.

INHALT

Von der Physiognomik
7

Hundert physiognomische Regeln
63

Nachwort:
Karl Riha und Carsten Zelle
109

Zu dieser Ausgabe
141

Anmerkungen
143

Zu den Abbildungen
146

Klassische deutsche Literatur im insel taschenbuch

Johann Friedrich Abegg: Reisetagebuch von 1798. Mit zahlreichen Abbildungen. Herausgegeben von Walter und Jolanda Abegg in Zusammenarbeit mit Zwi Batscha. it 1013

Achim von Arnim: Erzählungen. Ausgewählt und mit einem Nachwort versehen von Hermann Hesse. it 1018

Achim und Bettina in ihren Briefen. Briefwechsel zwischen Achim von Arnim und Bettina Brentano. 2 Bde. in Kassette. Herausgegeben von Werner Vordtriede. Mit einer Einleitung von Rudolf Alexander Schröder. it 1095

Bettine von Arnim: Aus meinem Leben. Zusammengestellt und kommentiert von Dieter Kühn. it 642

Bettine von Arnims Armenbuch. Herausgegeben von Werner Vordtriede. it 541

– Goethes Briefwechsel mit einem Kinde. Herausgegeben und eingeleitet von Waldemar Oehlke. Mit zeitgenössischen Abbildungen. it 767

– Die Günderode. Mit einem Essay von Christa Wolf. it 702

Bettine von Arnim / Clemens Brentano: Clemens Brentanos Frühlingskranz aus Jugendbriefen ihm geflochten, wie er selbst schriftlich verlangte. Mit einem Nachwort von Hartwig Schultz. it 812

Johann Beer: Die teutschen Winter-Nächte & Die kurzweiligen Sommer-Täge. Zwei Romane. Mit 24 Abbildungen nach den Kupfern der Originalausgabe von 1682. Herausgegeben und mit einem Nachwort, Anmerkungen und Worterklärungen versehen von Richard Alewyn. it 872

Ludwig Börne: Briefe aus Paris. Herausgegeben von Alfred Estermann. it 924

Hermann Bote: Till Eulenspiegel. Ein kurzweiliges Buch aus dem Lande Braunschweig. Wie er sein Leben vollbracht hat. Sechsundneunzig seiner Geschichten. Herausgegeben, in die Sprache unserer Zeit übertragen und mit Anmerkungen versehen von Siegfried H. Sichtermann. Mit zeitgenössischen Illustrationen. it 336

Clemens Brentano: Gedichte. Erzählungen. Briefe. Herausgegeben von Hans Magnus Enzensberger. it 557

– Gockel Hinkel Gackeleia. Märchen. Mit Initialen und Lithographien von Caspar Braun nach Entwürfen von Clemens Brentano. Mit einem Nachwort von Franz Deibel. it 47

– Italienische Märchen. Mit einem Nachwort von Maria Dessauer. it 695

– Rheinmärchen. In der von Guido Görres herausgegebenen Ausgabe von 1846. Mit Illustrationen von Edward von Steinle. it 804

161/1/10.90

Klassische deutsche Literatur im insel taschenbuch

Georg Büchner: Lenz. Erzählung. Mit Oberlins Aufzeichnungen ›Der Dichter Lenz, im Steinthale‹, ausgewählten Briefen von J. M. R. Lenz und einem Nachwort von Jürgen Schröder. it 429

– Leonce und Lena. Ein Lustspiel. Mit farbigen Illustrationen von Karl Walser und einem Nachwort von Jürgen Schröder. it 594

– Woyzeck. Nach den Handschriften neu herausgegeben und kommentiert von Henri Poschmann. it 846

Gottfried August Bürger: Wunderbare Reisen zu Wasser und zu Lande. Feldzüge und lustige Abenteuer des Freiherrn von Münchhausen, wie er dieselben bei der Flasche im Zirkel seiner Freunde selbst zu erzählen pflegt. Mit den Holzschnitten von Gustave Doré. it 207

Bürgers Liebe. Die Ehestandsgeschichte von Elise Hahn und Gottfried August Bürger. Herausgegeben von Hermann Kinder. Mit zeitgenössischen Illustrationen. it 564

Wilhelm Busch: Kritisch- Allzukritisches. Gedichte. Ausgewählt und mit einem Nachwort von Theo Schlee. Mit Illustrationen von Wilhelm Busch. it 52

– Sämtliche Bilderbogen. Mit einem Nachwort von Gert Ueding. it 620

Adelbert von Chamisso: Peter Schlemihls wundersame Geschichte. Nachwort von Thomas Mann. Illustriert von Emil Preetorius. it 27

Matthias Claudius: Der Wandsbecker Bote. Mit einem Vorwort von Peter Suhrkamp und einem Nachwort von Hermann Hesse. it 130

Annette von Droste-Hülshoff: Bei uns zulande auf dem Lande. Prosaskizzen. Herausgegeben von Otto A. Bäumer. Mit Abb. it 697

– Die Judenbuche. Ein Sittengemälde aus dem gebirgichten Westfalen. Mit Illustrationen von Max Unold. it 399

– Sämtliche Gedichte. Mit einem Nachwort von Ricarda Huch. it 1092

Marie von Ebner-Eschenbach: Dorf- und Schloßgeschichten. Mit einem Nachwort von Joseph Peter Strelka. it 1272

Johann Peter Eckermann: Gespräche mit Goethe in den letzten Jahren seines Lebens. 2 Bde. Herausgegeben von Fritz Bergemann. it 500

Joseph von Eichendorff: Aus dem Leben eines Taugenichts. Mit Illustrationen von Adolf Schrödter und einem Nachwort von Ansgar Hillach. it 202

– Gedichte. Mit Zeichnungen von Otto Ubbelohde. Herausgegeben von Traude Dienel. it 255

– Gedichte. In chronologischer Folge herausgegeben von Hartwig Schultz. it 1060

– Novellen und Gedichte. Ausgewählt und eingeleitet von Hermann Hesse. it 360

161/2/10.90

Klassische deutsche Literatur
im insel taschenbuch

Theodor Fontane: Allerlei Glück. Plaudereien, Skizzen und Unvollendetes. Ausgewählt und herausgegeben von Otto Drude. it 641
– Cécile. Mit einem Nachwort von Walter Müller-Seidel. it 689
– Effi Briest. Mit 21 Lithographien von Max Liebermann. it 138
– Frau Jenny Treibel oder ›Wo sich Herz zum Herzen findt‹. Roman. Mit einem Nachwort von Richard Brinkmann. it 746
– Grete Minde. Mit einem Nachwort von Peter Demetz. it 1157
– Irrungen, Wirrungen. Mit einem Nachwort von Walther Killy. it 771
– Jenseit des Tweed. Bilder und Briefe aus Schottland. Mit zahlreichen Abb. und einem Nachwort herausgegeben von Otto Drude. it 1066
– Mathilde Möhring. Mit einem Nachwort von Peter Demetz. it 1107
– Meine Kinderjahre. Autobiographischer Roman. Mit einem Nachwort von Otto Drude. it 705
– Die Poggenpuhls. Roman. it 1271
– Schach von Wuthenow. Erzählung aus der Zeit des Regiments Gendarmes. Mit einem Nachwort von Benno von Wiese. it 816
– Der Stechlin. Mit einem Nachwort von Walter Müller-Seidel. it 152
– Stine. Roman. Mit einem Nachwort von Peter Demetz. it 899
– Unwiederbringlich. Roman. it 286
– Von Zwanzig bis Dreißig. Herausgegeben von Otto Drude. Mit zahlreichen Abbildungen. it 985
– Vor dem Sturm. Roman, aus dem Winter 1812 auf 13. Mit einem Nachwort von Hugo Aust. it 583
– Wanderungen durch die Mark Brandenburg. 5 Bde. in Kassette. Herausgegeben von Gotthard Erler und Rudolf Mingau. it 1181–1185
– Wanderungen durch die Mark Brandenburg. Band I. Die Grafschaft Ruppin. it 1181
– Wanderungen durch die Mark Brandenburg. Band II. Das Oderland. it 1182
– Wanderungen durch die Mark Brandenburg. Band III. Havelland. it 1183
– Wanderungen durch die Mark Brandenburg. Band IV. Spreeland. it 1184
– Wanderungen durch die Mark Brandenburg. Band V. Fünf Schlösser. it 1185
Theodor Fontane. Ein Leben in Briefen. Mit zahlreichen Bildnissen und Faksimiles, ausgewählt und herausgegeben von Otto Drude. it 540
Georg Forster: Ansichten vom Niederrhein, von Brabant, Flandern, Holland, England und Frankreich im April, Mai und Junius 1790. Herausgegeben von Gerhard Steiner. it 1136

161/3/10.90

Klassische deutsche Literatur im insel taschenbuch

Georg Forster: Reise um die Welt. Herausgegeben und mit einem Nachwort von Gerhard Steiner. it 757

Christian Fürchtegott Gellert: Fabeln und Lieder. Mit den vierundzwanzig Radierungen zu Gellerts Fabeln von Daniel Nikolaus Chodowiecki. Herausgegeben von Gottfried Honnefelder. it 895

Friedrich Gerstäcker: Die Flußpiraten des Mississippi. Roman. Mit einem Nachwort von Harald Eggebrecht. it 435

Johann Wolfgang von Goethe: Dichtung und Wahrheit. 3 Bde. in Kassette. Mit Bildmaterial. it 149-151

– Elegie von Marienbad. September 1823. Faksimile einer Urhandschrift. Herausgegeben von Christoph Michel und Jürgen Behrens. Mit einem Geleitwort von Arthur Henkel. it 1250

– Erotische Gedichte. Skizzen und Fragmente. Herausgegeben von Andreas Ammer. it 1225

– Faust. Erster Teil. Nachwort von Jörn Göres. Illustrationen von Eugène Delacroix. it 50

– Faust. Zweiter Teil. Mit Federzeichnungen von Max Beckmann. Mit einem Nachwort zum Text von Jörn Göres und zu den Zeichnungen von Friedhelm Fischer. it 100

– Urfaust. Faust. Ein Fragment. Faust. Eine Tragödie. Paralleldruck der drei Fassungen. 2 Bde. Herausgegeben von Werner Keller. it 625

– Frühes Theater. Mit einer Auswahl aus den dramaturgischen Schriften 1771-1828. Herausgegeben und mit einem Nachwort von Dieter Borchmeyer. it 675

Goethe – warum? Eine repräsentative Auslese aus Werken, Briefen und Dokumenten. Herausgegeben und mit einem Nachwort versehen von Katharina Mommsen. it 759

Goethe über die Deutschen. Herausgegeben von Hans-J. Weitz. Mit dem Nachwort von 1949, Nachweisen, Register und Illustrationen. it 325

Goethes Briefe an Charlotte von Stein. 3 Bde. in Kassette. Herausgegeben von Julius Petersen. it 1125

Goethes Briefwechsel mit seiner Frau. 2 Bde. in Kassette. Herausgegeben von Hans Gerhard Gräf. it 1100

Goethes Gedanken über Musik. Eine Sammlung aus seinen Werken, Briefen, Gesprächen und Tagebüchern. Herausgegeben von Hedwig Walwei-Wiegelmann. Mit achtundvierzig Abbildungen erläutert von Hartmut Schmidt. it 800

Goethes Liebesgedichte. Herausgegeben von Hans Gerhard Gräf mit einem Nachwort von Emil Staiger. it 275

161/4/10.90

Klassische deutsche Literatur im insel taschenbuch

Johann Wolfgang von Goethe: Die guten Frauen als Gegenbild der bösen Weiber. Mit Kupferstichen von Johann Heinrich Ramberg aus dem Taschenbuch für Damen auf das Jahr 1801. it 925
– Hermann und Dorothea. Mit Aufsätzen von August Wilhelm Schlegel, Wilhelm von Humboldt, Georg Wilhelm Friedrich Hegel und Hermann Hettner. Mit zehn Kupfern von Catel. it 225
– Historische Schriften. Eine Auswahl in biographischer Folge. Herausgegeben von Horst Günther. Mit Zeichnungen von Goethe. it 650
– Italienische Reise. Mit vierzig Zeichnungen des Autors. Herausgegeben und mit einem Nachwort versehen von Christoph Michel. it 175
– Tagebuch der Italienischen Reise 1786. Notizen und Briefe aus Italien. Mit Skizzen und Zeichnungen des Autors. Herausgegeben und erläutert von Christoph Michel. it 176
– Klassisches Theater. Herausgegeben und mit einem Nachwort von Dieter Borchmeyer. it 700
– Die Leiden des jungen Werther. Mit einem Essay von Georg Lukács und einem Nachwort von Jörn Göres. Mit zeitgenössischen Illustrationen von Daniel Nikolaus Chodowiecki und anderen. it 25
– Märchen. Der neue Paris. Die neue Melusine. Das Märchen. Herausgegeben und erläutert von Katharina Mommsen. it 825
– Der Mann von funfzig Jahren. Mit einem Nachwort von Adolf Muschg. it 850
– Maximen und Reflexionen. Text der Ausgabe von 1907 mit den Erläuterungen und der Einleitung Max Heckers. Nachwort von Isabella Kuhn. it 200
– Die natürliche Tochter. Mit den Memoiren der Stéphanie Louise de Bourbon-Conti und drei Studien von Bernhard Böschenstein. it 1175
– Novelle. Mit Federzeichnungen von Max Liebermann und einem Nachwort von Paul Stöcklein. Großdruck. it 2301
– Novellen. Herausgegeben und mit einem Nachwort versehen von Katharina Mommsen. Mit Federzeichnungen von Max Liebermann. it 425
– Pandora. it 1075
– Reineke Fuchs. Mit Stahlstichen nach Zeichnungen von Wilhelm Kaulbach. it 125
– Reise-, Zerstreuungs- und Trost-Büchlein. 1806–1807. Nach der durch Hans Wahl besorgten Faksimile-Ausgabe von 1927 neu herausgegeben, mit Bilderläuterungen und Nachwort von Christoph Michel. it 400

161/5/10.90

Klassische deutsche Literatur
im insel taschenbuch

Johann Wolfgang von Goethe: Das Römische Carneval. Mit den farbigen Figurinen von 1789 und den Fragmenten ›Über Italien‹. Herausgegeben und mit einem Nachwort versehen von Isabella Kuhn. it 750

– Römische Elegien und Venezianische Epigramme. Herausgegeben von Regine Otto. it 1150

– Schriften zur Naturwissenschaft. Ausgewählt und herausgegeben von Horst Günther. Mit Zeichnungen von Goethe. it 550

– Schriften zur Weltliteratur. Mit Buchillustrationen aus der Goethezeit. Herausgegeben von Horst Günther. it 1025

– Tagebuch der ersten Schweizer Reise 1775. Goethes letzte Schweizer Reise. Mit den Zeichnungen des Autors und einem vollständigen Faksimile der Handschrift, herausgegeben und erläutert von Hans-Georg Dewitz. it 300/375

Goethe über das Mittelalter. Herausgegeben von Jens Haustein. it 1200

Johann Wolfgang von Goethe: Unterhaltungen deutscher Ausgewanderten. Mit einem Nachwort herausgegeben von Gert Ueding. it 1050

– Die Wahlverwandtschaften. Ein Roman. Erläuterungen von Hans-J. Weitz. Mit einem Essay von Walter Benjamin. it 1

– West-östlicher Divan. Mit Essays zum ›Divan‹ von Hugo von Hofmannsthal, Oskar Loerke und Karl Krolow. Herausgegeben und mit Erläuterungen versehen von Hans-J. Weitz. it 75

– Wilhelm Meisters Lehrjahre. Herausgegeben von Erich Schmitt. Mit sechs Kupferstichen von Catel, sieben Musikbeispielen und Anmerkungen. it 475

– Wilhelm Meisters theatralische Sendung. Mit einem Nachwort von Wilhelm Voßkamp. it 725

– Wilhelm Meisters Wanderjahre oder die Entsagenden. Mit einem Nachwort von Adolf Muschg. it 575

– Xenien. it 875

Der Briefwechsel zwischen Schiller und Goethe. 2 Bde. Herausgegeben von Emil Staiger. Mit Illustrationen. Bildkommentar von Hans-Georg Dewitz. it 250

Johann Wolfgang von Goethe / Friedrich von Schiller: Sämtliche Balladen. Herausgegeben von Karl Eibl. it 1275

Johann Wolfgang von Goethe: Briefwechsel mit Marianne und Jakob Willemer. Herausgegeben von Hans-J. Weitz. it 900

Briefwechsel zwischen Goethe und Zelter 1796-1832. Herausgegeben von Max Hecker. it 950

Jeremias Gotthelf: Die schwarze Spinne. Mit Illustrationen von Renate Sendler-Peters. it 991

161/6/10.90

Klassische deutsche Literatur im insel taschenbuch

Christian Dietrich Grabbe: Scherz, Satire, Ironie und tiefere Bedeutung. Ein Lustspiel in drei Aufzügen. Mit Illustrationen von Friedrich Heubner. it 534

Franz Grillparzer: Der arme Spielmann. Mit einem Nachwort von Richard Brinkmann. it 690

Jacob Grimm: Über den Ursprung der Sprache. Gelesen in der Preußischen Akademie der Wissenschaften am 9. Januar 1851. Mit Anmerkungen und einem Nachwort von M. Rassem. it 877

Hans Jakob Christoffel von Grimmelshausen: Der abenteuerliche Simplicissimus. Mit Zeichnungen von Fritz Kredel. it 739

– Trutz-Simplex oder Ausführliche und wunderseltzame Lebensbeschreibung der Ertzbetrügerin und Landstörtzerin Courasche. Mit einem Nachwort von Wolfgang Koeppen. it 211

Karoline von Günderode: Gedichte. Herausgegeben von Franz Josef Görtz. it 809

Johann Christian Günther: Gedichte. Mit einem Nachwort von Herbert Heckmann. it 1028

Wilhelm Hauff: Märchen. Erster Band. Herausgegeben von Berhnard Zeller. Mit Illustrationen von Theodor Weber, Theodor Hosemann und Ludwig Burger. it 216

– Mitteilungen aus den Memoiren des Satans. Mit einem Nachwort herausgegeben von Bernhard Zeller und zahlreichen Illustrationen von Rolf Köhler. it 782

– Zwerg Nase. Ein Märchen mit Illustrationen von Karl Walser. it 1191

Friedrich Hebbel: Erzählungen und Tagebuchblätter. Ausgewählt und mit einem Nachwort versehen von Hermann Hesse. it 1029

Johann Peter Hebel: Kalendergeschichten. Ausgewählt und mit einem Nachwort von Ernst Bloch. Mit neunzehn Holzschnitten von Ludwig Richter. it 17

– Schatzkästlein des rheinischen Hausfreundes. Nachdruck der Ausgabe von 1811 sowie sämtliche Kalendergeschichten aus dem »Rheinländischen Hausfreund« der Jahre 1808 1819. Herausgegeben und mit einem Nachwort versehen von Jan Knopf. it 719

Heinrich Heine: Atta Troll. Ein Sommernachtstraum. Mit einem Nachwort von Bernd Kortländer, kommentierenden Anmerkungen und zahlreichen Abbildungen. it 748

– Buch der Lieder. Mit zeitgenössischen Illustrationen und einem Nachwort von E. Galley. it 33

– Deutschland. Ein Wintermärchen. Mit einem Nachwort von Joseph Peter Strelka. Anhang mit Bibliographie und einer Zeittafel. it 723

161/7/10.90

Klassische deutsche Literatur im insel taschenbuch

Heinrich Heine: Florentinische Nächte. Mit Illustrationen von Wilhelm Wagner. it 923
– Italien. Mit farbigen Illustrationen von Paul Scheurich. it 1072
– Neue Gedichte. it 1055
– Der Rabbi von Bacherach. Ein Fragment. Mit Illustrationen von Max Liebermann und einem Nachwort von Joseph A. Kruse. it 811
– Reisebilder. Mit einem Nachwort von Joseph A. Kruse und zeitgenössischen Illustrationen. it 444
– Die romantische Schule. Mit einem Nachwort von Norbert Altenhofer. it 910
– Romanzero. Mit einem Nachwort von Joseph A. Kruse und zeitgenössischen Illustrationen. it 538
Julius Eduard Hitzig: E.T.A. Hoffmanns Leben und Nachlaß. Mit Anmerkungen zum Text und einem Nachwort von Wolfgang Held. it 755
Friedrich Hölderlin: Gedichte. Herausgegeben und mit Erläuterungen versehen von Jochen Schmidt. it 781
– Hyperion oder Der Eremit in Griechenland. Herausgegeben und mit einem Nachwort versehen von Jochen Schmidt. it 365
Hölderlins Diotima Susette Gontard. Gedichte – Briefe – Zeugnisse. Mit Bildnissen. Herausgegeben von Adolf Beck. it 447
Hölderlin. Dokumente seines Lebens. Briefe, Tagebuchblätter, Aufzeichnungen. Herausgegeben von Hermann Hesse und Karl Isenberg. it 221
Hölderlin. Chronik seines Lebens mit ausgewählten Bildnissen. Herausgegeben von Adolf Beck. it 83
E.T.A. Hoffmann: Die Abenteuer der Silvester-Nacht. Mit farbigen Illustrationen von Monika Wurmdobler. it 798
– Die Brautwahl. Mit farbigen Illustrationen von Monika Wurmdobler. it 1124
– Die Elixiere des Teufels. Mit Illustrationen von Hugo Steiner-Prag. it 304
– Das Fräulein von Scuderi. Erzählung aus dem Zeitalter Ludwig des Vierzehnten. Mit Illustrationen von Lutz Siebert. it 410
– Der goldne Topf. Ein Märchen aus der neuen Zeit. Mit 13 Illustrationen von Karl Thylmann. Herausgegeben und mit einem Nachwort von Jochen Schmidt. it 570
– Klein Zaches genannt Zinnober. Ein Märchen. Mit Radierungen von Renate Sendler-Peters. it 777

161/8/10.90

Literatur der Moderne im insel taschenbuch

Hans Christian Andersen: Spaziergang in der Sylvesternacht. Aus dem Dänischen von Anni Carlsson. Mit Zeichnungen von Gunter Böhmer. it 1130

Lou Andreas-Salomé: Lebensrückblick. Grundriß einiger Lebenserinnerungen. Aus dem Nachlaß herausgegeben von Ernst Pfeiffer. Neu durchgesehene Ausgabe mit einem Nachwort des Herausgebers. it 54

– Rainer Maria Rilke. Mit acht Bildtafeln im Text. Herausgegeben von Ernst Pfeiffer. it 1044

Bertolt Brecht: Hauspostille. Mit Anleitungen, Gesangsnoten und einem Anhang. Radierungen von Christoph Meckel. it 617

Hans Carossa: Das Jahr der schönen Täuschungen. it 1091

– Eine Kindheit. it 295

– Die Schicksale Doktor Bürgers. it 830

– Der Tag des jungen Arztes. it 1137

– Verwandlungen einer Jugend. it 296

Tankred Dorst: Grindkopf. Libretto für Schauspieler. Mitarbeit Ursula Ehler. Mit farbigen Zeichnungen von Roland Topor. it 929

Korbes. Ein Drama. Mitarbeit Ursula Ehler. Mit farbigen Zeichnungen von Johannes Grützke. it 1114

– Der nackte Mann. Mitarbeit Ursula Ehler. Mit farbigen Zeichnungen von Johannes Grützke. it 857

Federico García Lorca: Die dramatischen Dichtungen. Deutsch von Enrique Beck. it 3

Manfred Hausmann: Der Hüttenfuchs. Erzählung. Mit farbigen Illustrationen von Rolf Köhler. it 730

Hermann Hesse: Bäume. Betrachtungen und Gedichte. Mit Fotografien von Imme Techentin. Zusammenstellung der Texte von Volker Michels. it 455

– Dank an Goethe. Betrachtungen, Rezensionen, Briefe. Mit einem Essay von Reso Karalaschwili. Neu zusammengestellt von Volker Michels. it 129

– Franz von Assisi. Mit Fresken von Giotto und einem Essay von Fritz Wagner. it 1069

– Gedichte des Malers. Zehn Gedichte mit farbigen Zeichnungen. it 893

– Hermann Lauscher. Mit frühen, teils unveröffentlichten Zeichnungen und einem Nachwort von Gunter Böhmer. it 206

– Kindheit des Zauberers. Ein autobiographisches Märchen. Handgeschrieben, illustriert und mit einer Nachbemerkung versehen von Peter Weiss. it 67

155/1/10.90

Literatur der Moderne
im insel taschenbuch

Hermann Hesse: Knulp. Drei Geschichten aus dem Leben Knulps. Mit dem Fragment ›Knulps Ende‹. Mit sechzehn Steinzeichnungen von Karl Walser. it 394

– Magie der Farben. Aquarelle aus dem Tessin. Mit Betrachtungen und Gedichten zusammengestellt und mit einem Nachwort versehen von Volker Michels. it 482

– Mit Hermann Hesse durch Italien. Ein Reisebegleiter durch Oberitalien. Mit farbigen Fotografien. Herausgegeben von Volker Michels. it 1120

– Piktors Verwandlungen. Ein Liebesmärchen, vom Autor handgeschrieben und illustriert, mit ausgewählten Gedichten und einem Nachwort versehen von Volker Michels. it 122

– Schmetterlinge. Betrachtungen, Erzählungen, Gedichte. Zusammengestellt und mit einem Nachwort versehen von Volker Michels. it 385

– Die Stadt. Ein Märchen, ins Bild gebracht von Walter Schmögner. it 236

– Der verbannte Ehemann oder Anton Schievelbeyn's ohnfreywillige Reisse nacher Ost-Indien. Handgeschrieben und illustriert von Peter Weiss. Mit einem erstmals veröffentlichten Opernlibretto von Hermann Hesse. it 260

– Der Zwerg. Ein Märchen. Mit Illustrationen von Rolf Köhler. it 636

Marie Hesse: Ein Lebensbild in Briefen und Tagebüchern. Mit einem Essay von Siegfried Greiner. Mit frühen Lithographien von Gunter Böhmer. it 261

Monica Huchel: Fürst Myschkin und die anderen. Ein Katzen-Brevier. it 808

Henrik Ibsen: Ein Puppenheim. Herausgegeben und übersetzt von Angelika Gundlach. Mit zeitgenössischen Abbildungen. it 323

Jens Peter Jacobsen: Frau Marie Grubbe. Interieurs aus dem 17. Jahrhundert. Aus dem Dänischen von Mathilde Mann. it 841

– Niels Lyhne. Mit Illustrationen von Heinrich Vogeler. Nachwort von Fritz Paul. Aus dem Dänischen von Anke Mann. it 44

– Die Pest in Bergamo und andere Novellen. Mit Illustrationen von Heinrich Vogeler. Aus dem Dänischen von Mathilde Mann. it 265

Marie Luise Kaschnitz: Beschreibung eines Dorfes. Fotografien von Michael Grünwald. it 665

– Eisbären. Erzählungen. it 4

Harry Graf Kessler: Tagebücher 1918-1937. Herausgegeben von Wolfgang Pfeiffer-Belli. it 659

155/2/10.90

Literatur der Moderne
im insel taschenbuch

Dieter Kühn: Bettinas letzte Liebschaften. it 894
– Flaschenpost für Goethe. it 854
Ferdinand Kürnberger: Der Amerikamüde. Amerikanisches Kulturbild. it 942
Lesebuch der Jahrhundertwende. Prosa aus den Jahren 1889 bis 1908. Ausgewählt von Klaus Schöffling. it 997
Malwida von Meysenbug: Memoiren einer Idealistin. Herausgegeben, eingeleitet und kommentiert von Renate Wiggershaus. it 824
Christian Morgenstern: Alle Galgenlieder. it 6
Marcel Proust / Eugène Atget: Ein Bild von Paris. Texte und Photographien. Herausgegeben von Arthur D. Trottenberg. it 669
Rainer Maria Rilke: Sämtliche Werke. 6 Bände in Kassette. Herausgegeben vom Rilke-Archiv in Verbindung mit Ruth Sieber-Rilke. Besorgt durch Ernst Zinn. it 1101-1106
– Band I: Gedichte. Erster Teil. it 1101
– Band II: Gedichte. Zweiter Teil. it 1102
– Band III: Jugendgedichte. it 1103
– Band IV: Frühe Erzählungen und Dramen. it 1104
– Band V: Kritische Schriften. Worpswede. Auguste Rodin. it 1105
– Band VI: Malte Laurids Brigge. Kleine Schriften. it 1106
– Am Leben hin. Novellen und Skizzen 1898. Mit Anmerkungen und einer Zeittafel. it 863
– Die Aufzeichnungen des Malte Laurids Brigge. it 630
– Auguste Rodin. Mit 96 Abbildungen. it 766
– Ausgesetzt auf den Bergen des Herzens. Gedichte aus den Jahren 1906 bis 1926. it 98
– Briefe. 3 Bde. in Kassette. Herausgegeben vom Rilke-Archiv in Weimar in Verbindung mit Ruth Sieber-Rilke. Besorgt durch Karl Altheim. it 867
– Die Briefe an Gräfin Sizzo. 1921-1926. Herausgegeben von Ingeborg Schnack. it 868
– Das Buch der Bilder. Des ersten Buches erster Teil. Des ersten Buches zweiter Teil. Des zweiten Buches erster Teil. Des zweiten Buches zweiter Teil. it 26
– Die drei Liebenden. Die Liebe der Magdalena. Portugiesische Briefe. Die Briefe der Marianna Alcoforado. Die vierundzwanzig Sonette der Louïze Labé. it 355
– Duineser Elegien. Die Sonette an Orpheus. it 80
– Erste Gedichte. Larenopfer. Traumgekrönt. Advent. it 1090
– Ewald Tragy. Mit einem Nachwort von Richard von Mises. it 1142

155/3/10.90